働く人たちの
メンタルヘルス対策
と実務 ●実践と応用

森下高治
Takaharu Morishita
本岡寛子
Hiroko Motooka
枚田 香
Kaori Hirata
編

Management and
Actual Steps for
Worker's Mental Health
Practices and Applications

ナカニシヤ出版

まえがき

　今日の社会のなかで，生活に直接かかわる領域として，産業分野では働く人たちの仕事を取り巻くメンタルヘルス問題が，重要でかつ大きな問題である。働く人たちがメンタルヘルス不調に陥って休職を余儀なくされると本人はもちろんのこと，家族，職場，当該組織体，そして社会にとっても大きな損失である。

　労働現場の今日的課題について，7つ挙げると，①産業構造上の問題，②働く人たちの意識の問題，③質や量が問われる労働（仕事）そのもの，④労働時間，⑤労働に対する非労働の部分である余暇の問題，⑥女性の雇用・労働問題，⑦高齢者の雇用・労働問題がある。

　このうち，①は経済のグローバル化が進み，事業の再編，合併，統廃合，海外進出も重なって，産業構造が大きく変容している点を指している。当然，②から⑦までは①と連動して社会経済的・環境要因が個人に大きくかぶさってくることが見て取れる。

　このようなマクロな大きなうねりが，働く人たちの意識を揺さぶる現状がある。たとえば，長時間労働の実態については，わが国は，2013年に国連の社会権規約委員会から，労働時間の延長についての制限の不遵守に対して制裁が確実に適用されるよう勧告された（外務省，2013，p.4）。その後，2014年6月に過労死等防止対策推進法が成立したが，長時間労働に対する規制や罰則を定めるものではなく，国の取るべき対策が挙げられるにとどまっている。

　では，現況はどうであろうか。データブック国際労働比較2015（労働政策研究・研修機構，2015）による自営業も含む就業者の労働時間は，2013年のわが国は年間1,735時間である。1990年は2,031時間，2000年は1,821時間でおよそ25年の中で300時間の減少である。それでも欧米のそれとは相当乖離している。労働時間の増減は世界各国に比べ25年のなかでわが国は最も大きく多いが，裁量労働制を導入している大企業では，実際の数値が正確に表れていないことを

考えるとこれより大幅に多い。長時間労働については，健康問題との関連が数多く研究されている。長時間労働は仕事負荷を増加させ，仕事以外の時間の減少によって疲労回復時間を減らすことで健康への影響を強く与えるものである。そのために，脳・心臓疾患リスクの増加や，睡眠時間の減少，疲労，心身の不調に大きな影響を与える。そして，深刻な問題として現れるのが過労死である。

その一方で，さまざまな組織体では成果主義が強く出てくる反面，労働と非労働の余暇とのバランスについて自らのライフスタイルを描けずにいる働く人たちの実態がある。

そこで，限られた人員構成の職場環境と業務との対応のもと，ストレスを多く抱え込むことが昨今目立っている。管理職，とりわけ中間管理職は役割ストレスの葛藤や過重が大きな問題として挙げられる。最近共通してみられることは，仕事の負荷とストレスの関わりの問題である。その時に何よりも個人の対仕事力が問われるが，仕事力が明らかに不足の場合，ストレスが大となり，個人の能力発揮ができずに仕事そのものがストップする状態に追い込まれる。

ところで，働くことの意味の素朴な問いかけに対して，「なぜ人は働くのか」という原点から見つめると，本来の労働は，ヒトが二足歩行により自由に手が使えるようになり，そのために道具の発明によってまず labour という肉体的労働が生まれたことに始まる。同時に脳の発達は言語活動を促進させ work という精神的労働を生むことになる。当初 labour と work は一体化したものであったが，生産手段の分化，複雑化が進展するなかで両者は分離する関係に変化し始めた。

ここで，労働そのものの定義をすると，労働とは『人が何らかの目標を獲得するための肉体的・精神的努力』のことで，人間の能動的かつ全般的な活動を指す。歴史的な変遷のなかで本来的な労働が技術革新により機械労働に代替され，人間の受身的な部分的活動になりつつある。

筆者は，Sunney Hansen が日本心理学会第62回大会（東京学芸大学，1998年）の招待講演で来日した翌年にミネソタ大学に出向いた。Hansen は，Integrative Life Planning（1997）を提案しており，人生やキャリア設計への包括的なアプローチが重要であると言う。それは，仕事を他の生活上の役割との関係のなかで，または人生のなかで捉えることを意味する。統合的生涯設計とは，働く人

たち誰もがより包括的な生活を実現し（別の言葉で言い換えると，働く人たちがバランスの取れた人生を実現し），さまざまな選択や決定を通して社会に積極的な変化をもたらすことをいう。それを実現するために心理学者や心理学の実践家が援助することが求められる。仕事・職場でのやりがい・生きがいが，職場を離れての生活に生き生きし影響を与えるし，また逆の働きかけもある。労働と非労働の活動がプラスの流出になる関係を求めることが，生涯設計では大きな課題であると問いかけた。

　本書刊行の意義は，産業現場の人事・労務担当者の方々，また，専門的立場でストレス問題に取り組んでおられる産業保健スタッフ，また，働く人たちを支援する臨床心理士，いま大学院で学んでいる若き学徒，実践家にぜひ一読していただき，第3部にまとめたように実践・応用につなげていただくならば幸いである。

　今回，編者として第1部は，産業界で活躍の産業メンタルヘルスの第一人者の枚田香氏にお願いした。2015年12月から厚労省はストレスチェックを義務づけた。これを受けて，特に公的組織体や民間の企業組織体で実際に導入し進めていくにあたっての実務面を取り上げた。第2部は，産業現場の人たちの人間に焦点を当てたストレスに関わる理論を中心に分かりやすく説明を加え理論編とし，森下が編集をした。第3部は，実際の運用，応用編で産業心理臨床の第一人者として活躍の認知行動療法の本岡寛子准教授に編集をお願いした。また，執筆にあたっては最前線で活躍の先生方，新進気鋭の研究者，実践家に無理をお願いした。改めて，この場をお借りして感謝の意を表したい。

　最後に，本書の刊行にあたり，原稿の取りまとめや編集作業をしていただいたナカニシヤ出版の宍倉由高氏に深く感謝します。

向暑の時節，早朝の交野の山なみを眺めて
編者代表　森下高治

目　　次

まえがき　i

第1部　職場のメンタルヘルス実務編

第1章　心の健康づくり計画と4つのケア：労働者の心の健康の保持増進のための指針と具体的な取り組み——3
1．わが国のメンタルヘルス対策の歴史　3
2．メンタルヘルス指針　6
3．職場での取り組みの例　10

第2章　管理監督者への教育（ラインケア）：カウンセリング・マインドと傾聴研修——13
1．管理監督者の役割　13
2．求められる内容　13

第3章　ストレスチェック——23
1．ストレスチェック制度とは　23
2．ストレスチェック実施のための制度づくり　24
3．ストレスチェック結果の活用　30
4．ストレスチェック制度の効果的な運用のために　31

第4章　事業場内産業保健スタッフ等によるケア：職場内のメンタルヘルス推進担当者による取り組み——33
1．労働者の心の健康に関する現状　33
2．労働者の心の健康保持増進のための指針（メンタルヘルス指針）　33
3．衛生委員会（または安全衛生委員会）　34
4．事業場内産業保健スタッフ等とは　35

5．事業場内産業保健スタッフ等によるケア　36
　　　　6．メンタルヘルスに関する個人情報の保護への配慮　41
　　　　7．小規模事業場におけるメンタルヘルスケアの取り組みの留意事項　42

第5章　事業場外資源の活用：外部サービスの効果的な利用法——43
　　　　1．事業場外資源によるケア　43
　　　　2．日本におけるメンタルヘルスサービス実施機関　46
　　　　3．事業場内産業保健スタッフ等と外部資源によるケアの連携実践例　49

第2部　メンタルヘルスに関する基礎理論

第6章　メンタルヘルスの問題：労働を取り巻く現状から——55
　　　　1．メンタルヘルスとは　55
　　　　2．今日の産業・就業構造の問題　57
　　　　3．産業心理臨床の在り方　63

第7章　ストレスに関する基礎知識——71
　　　　1．ストレスとは　71
　　　　2．職場におけるストレスモデル　74
　　　　3．一般的なストレス反応と疾患　77
　　　　4．おわりに　80

第8章　職場で発生する心の問題——83
　　　　1．メンタルヘルスを取り巻く現状　83
　　　　2．職場で見られるうつ病　84
　　　　3．まとめ　89

第9章　過労死と労災——91
　　　　1．過労死とは　91
　　　　2．仕事にかかわるストレッサー　92
　　　　3．精神障害で起こる認知の歪み　94

4．過労と労災のリスク　98

第10章　ストレスコーピング——101
　　　1．コーピングの理論　101
　　　2．コーピング研究　103
　　　3．コーピングの支援　107

第11章　働きがいのある職場づくり：メンタルヘルス対策におけるポジティブ要因——113
　　　1．働きがいのある職場づくりのキーワード：ワーク・エンゲイジメント　113
　　　2．仕事の資源を生み出す職場環境　115
　　　3．ワーク・ライフ・バランスの実現のために：仕事中心から人生全体へ　117
　　　4．いきいきと働くためのエネルギーと時間の管理　118

第12章　働きがいのある職場づくり——123
　　　1．「働きがい」とは　123
　　　2．「働きがい」「働きやすさ」のある職場　124
　　　3．「働きがい」をもたらす仕事の特性　125
　　　4．働きがいとキャリア形成　126
　　　5．「働きがい」を失わせる職場のパワーハラスメント　132

第3部　職場での取り組み実践・応用編

第13章　認知行動療法——139
　　　1．認知行動療法とは　139
　　　2．問題解決療法　141
　　　3．問題解決療法の効果　151
　　　4．まとめ　152

第14章　マインドフルネス研修へのヒント：文脈的認知行動療法における「モノ化」エクササイズ——155
　　　1．文脈的認知行動療法　156

2．マインドフルネスとは　　158
　　　3．アクセプタンス＆コミットメント・セラピー　　161
　　　4．モノ化エクササイズ　　164
　　　5．まとめ　　169

第15章　復職問題——173
　　　1．休復職の現状と課題　　173
　　　2．職場復帰に向けた支援　　175
　　　3．まとめ　　189

索　引　193

第1部
職場のメンタルヘルス実務編

　職場のメンタルヘルス対策担当者の実務は，厚生労働省が定める「メンタルヘルス指針」に基づいた「心の健康づくり計画」の策定から始まる。また，計画の実施においては，「セルフケア」「ラインによるケア」「事業場内産業保健スタッフ等によるケア」「事業場外資源によるケア」の4つのケアを具体的に行っていく。第1章で全体の流れを解説し，第2章でラインによるケアの具体的な手法である管理監督者への教育，第3章でセルフケアの一環となるストレスチェック制度，第4章で事業場内産業保健スタッフ等による職場での取り組み，第5章で事業場外資源の活用法について紹介する。

第1章　心の健康づくり計画と4つのケア
労働者の心の健康の保持増進のための指針と具体的な取り組み

1．わが国のメンタルヘルス対策の歴史

[1］きっかけは労災認定と訴訟リスク

　1）労災認定を機に研修実施へ　　近年は，ほとんどの職場で何らかのメンタルヘルス対策が講じられているが，メンタルヘルス対策そのものの歴史は，それほど長くはない。

　働く人のメンタルヘルス・ポータルサイトである「こころの耳」内の「メンタルヘルス対策に関する施策の経過（http://kokoro.mhlw.go.jp/guideline/mental-health.html）」に，1984（昭和59）年2月の初の過労自殺による労災認定がきっかけとなり，全国でメンタルヘルス研修会が開催されたとの記載がある。この事例は，鉄道関連施設の設計などを行う建設コンサルタント会社の技術者が，業務上のストレスからうつ病を発症し，自殺を図り重傷を負ったとされるもので，最終的に労災認定された。

　その後も職場のストレスが原因と考えられる精神障害による労災認定は増加傾向にあり，2014（平成26）年度は請求件数1,456件，支給決定件数497件と，いずれも過去最多となっている（図1-1，図6-3および図9-1も参照）。

　2）民事訴訟と損害賠償請求　　2000（平成12）年8月に「事業場における労働者の心の健康づくりのための指針（通称メンタルヘルス指針）」が公示された背景にも，「電通事件」と呼ばれている判例が社会に与えた衝撃の大きさがある。これは，連日の長時間労働の末にうつ病を発症して自殺した新入社員の遺族による損害賠償請求に対して，最高裁が平成12年3月に長時間労働とうつ病発症との因果関係があるとし，会社側の責任を認める判決を下したものである。会社側の責任が問われた判決が大きく報道されたことにより，多くの事

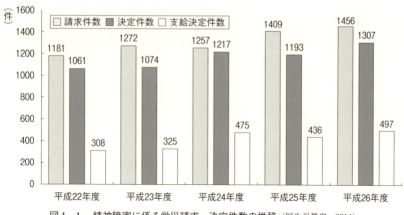

図 1-1　精神障害に係る労災請求・決定件数の推移（厚生労働省，2014）

業主が，メンタルヘルス対策を講じていない状況で従業員が自殺してしまうと，自分たちも責任を問われるかもしれないという危機感をもつきっかけとなった。

［2］労働安全衛生法と安全配慮義務

1）労働安全衛生法　労働安全衛生法は1972（昭和47）年に公布された。第1条に「労働災害の防止のための危害防止基準の確立，責任体制の明確化及び自主的活動の促進の措置を講ずる等その防止に関する総合的計画的な対策を推進することにより職場における労働者の安全と健康を確保するとともに，快適な職場環境の形成を促進することを目的とする」と記載されている。1947（昭和22）年に公布された労働基準法が改正され，第42条に「労働者の安全及び衛生に関しては，労働安全衛生法（昭和四十七年法律第五十七号）の定めるところによる」となった。労働安全衛生法はメンタルヘルスに限定されたものではなく，従業員の安全と健康を管理するための規定が定められており，何度か改正されている。

2005（平成17）年の改正により，2006（平成18）年4月から長時間労働者への医師による面接指導が義務づけられたことで，メンタルヘルス対策にさらなる注目が集まった。

2014（平成26）年6月に改正された第66条の10「心理的な負担の程度を把握

表1-1 労働安全衛生法第66条の10の条文

（心理的な負担の程度を把握するための検査等）
第六十六条の十　事業者は，労働者に対し，厚生労働省令で定めるところにより，医師，保健師その他の厚生労働省令で定める者（以下この条において「医師等」という。）による心理的な負担の程度を把握するための検査を行わなければならない。
2　事業者は，前項の規定により行う検査を受けた労働者に対し，厚生労働省令で定めるところにより，当該検査を行つた医師等から当該検査の結果が通知されるようにしなければならない。この場合において，当該医師等は，あらかじめ当該検査を受けた労働者の同意を得ないで，当該労働者の検査の結果を事業者に提供してはならない。
3　事業者は，前項の規定による通知を受けた労働者であつて，心理的な負担の程度が労働者の健康の保持を考慮して厚生労働省令で定める要件に該当するものが医師による面接指導を受けることを希望する旨を申し出たときは，当該申出をした労働者に対し，厚生労働省令で定めるところにより，医師による面接指導を行わなければならない。この場合において，事業者は，労働者が当該申出をしたことを理由として，当該労働者に対し，不利益な取扱いをしてはならない。
4　事業者は，厚生労働省令で定めるところにより，前項の規定による面接指導の結果を記録しておかなければならない。
5　事業者は，第三項の規定による面接指導の結果に基づき，当該労働者の健康を保持するために必要な措置について，厚生労働省令で定めるところにより，医師の意見を聴かなければならない。
6　事業者は，前項の規定による医師の意見を勘案し，その必要があると認めるときは，当該労働者の実情を考慮して，就業場所の変更，作業の転換，労働時間の短縮，深夜業の回数の減少等の措置を講ずるほか，当該医師の意見の衛生委員会若しくは安全衛生委員会又は労働時間等設定改善委員会への報告その他の適切な措置を講じなければならない。
7　厚生労働大臣は，前項の規定により事業者が講ずべき措置の適切かつ有効な実施を図るため必要な指針を公表するものとする。
8　厚生労働大臣は，前項の指針を公表した場合において必要があると認めるときは，事業者又はその団体に対し，当該指針に関し必要な指導等を行うことができる。
9　国は，心理的な負担の程度が労働者の健康の保持に及ぼす影響に関する医師等に対する研修を実施するよう努めるとともに，第二項の規定により通知された検査の結果を利用する労働者に対する健康相談の実施その他の当該労働者の健康の保持増進を図ることを促進するための措置を講ずるよう努めるものとする。

するための検査等」の条文（表1-1）が，第3章で解説するストレスチェックの義務化に関するものである。

　2）安全配慮義務　　一方で，民事訴訟で事業主が従業員への損害賠償責任を認める判決が出された場合には，判決文に「安全配慮義務」に関する文言が記載されていることが多い。関連する法律は2007（平成19）年12月に公布された労働契約法で，第5条に「使用者は，労働契約に伴い，労働者がその生命，身体等の安全を確保しつつ労働することができるよう，必要な配慮をするもの

とする」と記載されている。労働契約法そのものでは罰則について規定していないが，事業主が下記に挙げるような安全配慮義務に反すると，従業員のうつ病発症などについての損害賠償責任を負わされる可能性が高まることになる。

①作業環境整備義務……健康上の問題が生じないように，作業環境を整備する義務
②衛生教育実施義務……従業員に対して安全衛生に関する教育を実施する義務
③適正労働条件措置義務……労働時間，休憩，休日等の労働条件を適正に設定する義務
④健康管理義務……従業員に対して健康診断を実施する等，健康状態を把握・管理する義務
⑤適正労働配置義務……従業員の状況に応じて，配置等を適正に調整する義務

2．メンタルヘルス指針

[1] メンタルヘルス指針の歴史

1）昭和63年の指針　労働安全衛生法の改正により，1988（昭和63）年9月に「事業場における労働者の健康保持増進のための指針」が公示された。この指針は，労働安全衛生法第70条の2の「厚生労働大臣は，第六十九条第一項の事業者が講ずべき健康の保持増進のための措置に関して，その適切かつ有効な実施を図るため必要な指針を公表するものとする」に基づいている。前述の第69条には「事業者は，労働者に対する健康教育及び健康相談その他労働者の健康の保持増進を図るため必要な措置を継続的かつ計画的に講ずるように努めなければならない」と記載されており，この措置を「健康保持増進対策」と呼ぶようになった。指針内には「メンタルヘルスケア」という用語が登場した。また，指針に基づいて「トータル・ヘルスプロモーション・プラン（THP）」を推進することとなった。

その後何度か改正されており，2016（平成28）年2月現在では，2015（平成27）年11月の「健康保持増進のための指針公示第5号」が最新のものとなって

表1-2　心の健康づくり計画で定めるべき事項（厚生労働省, 2011）

1. 事業者がメンタルヘルスケアを積極的に推進する旨の表明に関すること。
2. 事業場における心の健康づくりの体制の整備に関すること。
3. 事業場における問題点の把握及びメンタルヘルスケアの実施に関すること。
4. メンタルヘルスケアを行うために必要な人材の確保及び事業場外資源の活用に関すること。
5. 労働者の健康情報の保護に関すること。
6. 心の健康づくり計画の実施状況の評価及び計画の見直しに関すること。
7. その他労働者の心の健康づくりに必要な措置に関すること。

いる。

　2）平成12年と18年の指針　　2000（平成12）年に旧労働省より「事業場における労働者の心の健康づくりのための指針」が公示された。いよいよメンタルヘルスに特化した指針が登場した。しかし，2006年3月に厚生労働省より「労働者の心の健康の保持増進のための指針」が公示されたことにより廃止された。この指針が現在の「メンタルヘルス指針」として，産業メンタルヘルスにかかわる者にとっては必読のものとなっている。

[2]「心の健康づくり計画」の策定

　厚生労働省は，「労働者の心の健康の保持増進のための指針」に基づいた職場におけるメンタルヘルスケアを実施する方法について定めた「職場における心の健康づくり」を配布している。事業者（事業主）は，衛生委員会等で以下の事項（表1-2）について審議を行い，「心の健康づくり計画」を策定する必要がある。

　また，計画の実施においては，後に述べる「4つのケア」が継続的・計画的に行われる必要があると記載されている。

[3] 4つのメンタルヘルスケア

　1）セルフケア　　労働者自身によるメンタルヘルスケアのことで，事業主は，従業員が以下のようなケアを行うことができるようになるために，教育研修を行うことが望ましい。また，管理監督者も自分自身のセルフケアを行う必要がある。

表1-3 「いつもと違う」部下の様子 (厚生労働省, 2011)

- ✓ 遅刻, 早退, 欠勤が増える
- ✓ 休みの連絡がない (無断欠勤がある)
- ✓ 残業, 休日出勤が不釣合いに増える
- ✓ 仕事の能率が悪くなる。思考力・判断力が低下する
- ✓ 業務の結果がなかなかでてこない
- ✓ 報告や相談, 職場での会話がなくなる (あるいはその逆)
- ✓ 表情に活気がなく, 動作にも元気がない (あるいはその逆)
- ✓ 不自然な言動が目立つ
- ✓ ミスや事故が目立つ
- ✓ 服装が乱れたり, 衣服が不潔であったりする

表1-4 アメリカ国立労働安全衛生研究所 (NIOSH) の職場環境等の改善のポイント (厚生労働省, 2011)

- ✓ 過大あるいは過小な仕事量を避け, 仕事量に合わせた作業ペースの調整ができること
- ✓ 労働者の社会生活に合わせて勤務形態の配慮がなされていること
- ✓ 仕事の役割や責任が明確であること
- ✓ 仕事の将来や昇進・昇級の機会が明確であること
- ✓ 職場でよい人間関係が保たれていること
- ✓ 仕事の意義が明確にされ, やる気を刺激し, 労働者の技術を活用するようにデザインされること
- ✓ 職場での意志決定への参加の機会があること

①メンタルヘルスやストレスについて正しい知識を得る
②自分自身のストレスへの気づき・ストレスチェック (第3章参照)
③ストレスへの対処 (第10章参照)

　2) ラインによるケア　　管理監督者による部下に対するメンタルヘルスケアのことで, 一般的には「ラインケア」と呼ばれている。部下をもつ管理職の義務でもある。以下のようなケアを怠ると, 安全配慮義務に反しているとされる恐れがある。ラインによるケアを徹底するためにも, 管理監督者を対象とした教育研修を行うことが望ましい。

①いつもと違う部下の様子 (表1-3) への気づき
②部下からの相談対応 (第2章参照)
③職場環境等の把握と改善 (表1-4)
④職場のいじめ・いやがらせ (ハラスメント) の防止

　3) 事業場内産業保健スタッフ等によるケア　　産業医, 保健師, 衛生管理

者，人事労務担当者，メンタルヘルス推進担当者など，職場内の産業保健にかかわるスタッフによる，労働者や管理監督者へのケアのことで，「心の健康づくり計画」実施の中核を担う。具体的には，以下のようなケアを行う（第4章参照）。

　①メンタルヘルスケアに関する計画づくり
　②従業員への情報提供，教育研修の実施
　③従業員の定期健康診断やストレスチェック結果の取り扱い（第3章参照）
　④高ストレス者やメンタルヘルス不調者の相談対応
　⑤休職者の職場復帰支援（第15章参照）

　4）事業場外資源によるケア　医療機関，メンタルヘルスに関するサービスを提供する EAP（従業員支援プログラム）機関など，外部の専門機関によるケアのことで，情報提供を行ったり，事業場内産業保健スタッフと連携を取りながら，上記のメンタルヘルスケアを支援したりする（第5章参照）。

［4］留意すべき点

　また，メンタルヘルス指針に沿った以下の4点の留意事項が挙げられている。

　1）心の健康問題の特性　心の健康問題は客観的な測定が難しく，発生までのプロセスにおける個人差も考慮しなければならない。また，誰でも心の問題が発生する可能性があるにもかかわらず，誤解や偏見なども存在する。

　2）個人情報保護への配慮　労働者の健康情報（健康診断やストレスチェックの結果）を含む個人情報の保護や，当事者の意思を尊重することで，労働者が安心してメンタルヘルスケアを受けることができるようになる。

　3）人事労務管理との関係　メンタルヘルスケアは人事労務担当者と連携しながら進めることが望ましい。必要に応じて配置転換や就労条件の調整を行う。

　4）家庭・個人生活等の職場以外の問題　心の健康問題は職場のストレス要因だけではなく，家庭や個人生活など，職場以外のストレス要因の影響を与えていることがあり，相互作用も考えられる。

3. 職場での取り組みの例

厚生労働省（2014）の「平成25年労働安全衛生調査（実態調査）」によると，メンタルヘルス対策に取り組んでいる事業所の割合は，2013（平成25）年調査では，60.7％であった。2012（平成24）年調査の47.2％と比較すると13.5ポイント増加している（図1-2）。しかし，取り組み状況と従業員数は比例している傾向がみられ，300人以上の事業所では90％を超えているのに対し，30名未満の事業所では55.2％となっている。

取り組みの内容は，「労働者への教育研修・情報提供」が46.0％で最も多く，続いて，「事業所内での相談体制の整備」の41.8％，「管理監督者への教育研修・情報提供」の37.9％となっている。具体的には，メンタルヘルス研修とカウンセリング制度の整備から着手するということであろう。今後は「ストレスチェックの実施」が上位になることが予想される。

現実には，自社の産業保健スタッフがメンタルヘルス対策に取り組む場合と，外部の専門機関に委託する場合があるが，以下に3つの事業所の取り組みの例を挙げておく。

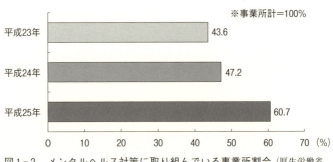

図1-2 メンタルヘルス対策に取り組んでいる事業所割合（厚生労働省，2014）

[1] A社の例（すべて自社で実施）

A社は従業員数2千名を超える製造業。比較的早い時期からメンタルヘルス対策を講じている。本社の健康管理室には常勤の保健師と臨床心理士が勤務

しており，系列の病院で勤務している産業医が週2回来社する。
　①心の健康づくり計画の策定
　②産業保健スタッフの配置
　③安全衛生委員会の定期開催
　④相談窓口の整備（保健師・カウンセラー）
　⑤休職者の復職支援（自社のプログラムあり）
　⑥産業保健スタッフによるセルフケア・ラインケア研修実施
　⑦産業医によるストレスチェックおよび高ストレス者への面接指導実施

[2] B社の例（すべて外部委託）
　B社は従業員数約500名のサービス業。各都道府県にある支店の正社員は50名未満，非常勤のスタッフが多い。メンタルヘルスケアはEAP機関に外部委託している。
　①産業医契約は本社のみ
　②メンタルヘルスに係る業務は各支店の人事労務担当者が兼任
　③大手EAP機関に心の健康づくり計画の企画立案とコンサルティングを委託
　④EAP機関の各都道府県のカウンセリングルームを利用
　⑤EAP機関の復職支援プログラムを利用
　⑥外部講師にセルフケア・ラインケア研修を委託
　⑦本社一括でストレスチェックおよび高ストレス者への面接指導を外部委託

[3] C社の例（部分的に外部委託）
　C社は従業員数約100名のシステム開発業。正社員は本社スタッフの20名のみで，ほとんどが派遣社員と契約社員であるため，これまでメンタルヘルス対策には消極的だったが，メンタルヘルス不調による休職者が数名いるため，人事労務担当者は必要性を感じている。
　①産業医契約をしていない
　②メンタルヘルス不調者の相談は直属の上司が対応
　③メンタルヘルスに係る業務は本社の人事労務担当者が実施

④休職者への復職支援は行っていない
⑤外部講師にラインケア研修を委託
⑥ストレスチェックは本社の人事労務担当者が実施予定

　上記の3つの例からも想像できるように，正社員の数が少ない事業所では，積極的にメンタルヘルス対策に取り組んでいない傾向がみられる。外部機関や公的サービスの活用などにより，従業員数が少ない事業所におけるメンタルヘルス対策が充実していくことを願う。

引用・参考文献

厚生労働省・独立行政法人労働者健康福祉機構（2011）.「職場における心の健康づくり
　　〜労働者の心の健康の保持増進のための指針〜」
　　<http://kokoro.mhlw.go.jp/brochure/supporter/files/H23_mental_health_relax.pdf>
　　より検索
厚生労働省（2014）.「過労死等の労災補償状況」
　　<http://www.mhlw.go.jp/file/04-Houdouhappyou-11402000-Roudoukijunkyokuroudou
　　hoshoubu-Hoshouka/h26seishin_1.pdf>　p.15.より検索
厚生労働省（2014）「平成25年労働安全衛生調査（実態調査）　結果の概要」
　　<http://www.mhlw.go.jp/toukei/list/dl/h25-46-50_01.pdf>　p.8.より検索
厚生労働省　こころの耳　メンタルヘルス対策に関する施策の経過
　　<http://kokoro.mhlw.go.jp/guideline/mental-health.html>
大阪商工会議所（編）（2013）.メンタルヘルス・マネジメント検定試験公式テキストⅠ種
　　マスターコース（第3版）(p.37.)　中央経済社

第2章　管理監督者への教育（ラインケア）
カウンセリング・マインドと傾聴研修

1．管理監督者の役割

　厚生労働省の働く人のメンタルヘルス・ポータルサイトである「こころの耳 (http://kokoro.mhlw.go.jp/)」にある，e-ラーニングで学ぶ「15分でわかるラインによるケア」には，管理監督者の役割について，下記のように記載されている。

　「部長・課長等の管理監督者には，使用者である事業主から，労働者である従業員に対して，指揮・命令を行うための権限が委譲されています。この権限に基づいて，管理監督者は，部下に指揮命令をして業務を遂行したり，部下の評価をしたりしています。さらに，管理監督者には部下である従業員の健康を守る義務も課されています。この義務を果たすためには，まず，部下の健康状態を把握しなければなりません」。

　健康状態を把握するには，日ごろから様子を観察して気を配り，いつもの様子との違いに気づくことが大切である。管理監督者には気配りや気づきを含め，①気配り⇒②気づき⇒③（様子の気になる部下への）声かけ⇒④話を聴く⇒⑤（必要な部署へ）つなぐ，という役割がある。

　この章では，管理監督者が上記の役割を円滑に果たせるようにするために，どのような教育が必要かを述べる。

2．求められる内容

[1] 研　修
　1) 法的情報提供　　厚生労働省の「労働者の心の健康の保持増進のための

指針（メンタルヘルス指針）」で示されている，4つのメンタルヘルスケアである「セルフケア」「ラインによるケア」「事業場内産業保健スタッフ等によるケア」「事業場外資源によるケア」について（第1章第2節参照）説明することで，どのような体制のなかで，管理監督者として一般的にどのような役割が求められるのかを知ることが必要である。

また，先述の「こころの耳」には，それぞれのケアの理解を深めるのに役立つ情報が掲載されているので，その内容を引用することも実用的である。

2）組織での役割を説明　組織によっては，上記の4つのケアのうち，セルフケアとラインによるケア（これ以降はラインケアと表記する）を体系的に実施していると考えるが，自身の組織で，4つのケアをどのように展開しているか，それぞれのケアをどの部署，どの役職者が役割を担っているのかを伝えておくことも必要である。管理監督者をいくつかの役職で構成している組織もあるため，役職によって役割を明確にしておくことが対応時の混乱をさけることに役立つ。

なぜならば，管理監督者には，部下の状況を丁寧に把握した後，必要に応じて他の部署と連携することも求められるからだ。こういった情報提供がなされないと，上司である管理監督者が，部下の困りごとを抱え込んでしまうことにもなりかねない。事業主は，組織でのメンタルヘルスケア体制と，各役職や職種における役割を示すことが求められている。

3）組織でのメンタルヘルスに関する動向の提示　休職率や相談窓口への相談件数など，メンタルヘルスに関する組織の動向を提示することで，ラインケアへの動機づけを高めることができる。休職率は，単に割合で算出する以外に，一般疾患での休職率との比較を用いることで，組織の動向がさらにわかりやすくなる。また，メンタルヘルスに関する取り組みを開始してからの相談件数の経年的変化と相談内容の分類を示すことで，管理監督者や組織の取り組みの効果が確認しやすくなると考える。

筆者の経験では，このようなデータは組織の中で1つの部署が取りまとめていることはまれであり，休職に関するデータは人事労務担当部署がもち，相談窓口への相談件数は，健康，メンタルヘルス，ハラスメントなど相談内容によって窓口が多部署にわたることもある。管理監督者への教育を考えるなかで，

各部署がそれぞれのもつデータをもち寄り，個人の特定されない範囲でどのような傾向があるのかを共有し，どのような方向性で教育を行っていくのかを協議し共通認識をもっておくことは，メンタルヘルス対策を組織で考えていくうえで非常に大切な過程である。

4）ラインケアの実際を説明　　ラインケアの実践は，①気配り⇒②気づき⇒③（様子の気になる部下への）声かけ⇒④話を聴く⇒⑤（必要な部署へ）つなぐ，の順である。

　普段からまったく部下の様子を気にかけていない上司は少ないと考えられるが，ケアの実際を説明することで，上司が普段から行っている行動を①〜⑤のどれに当たるのかをふりかえり，自身がどのケアを行っているのかを整理することができ，実際の対応場面で次の行動を選択する助けとなる。

　①気配り：「何かあったら相談に来るように」とアナウンスするだけでは，部下は相談に来ない。常日ごろから話を聴く姿勢（カウンセリング・マインド）をもつことが理想であるが，業務が伴うと，いつもカウンセリング・マインドをもてるとは限らない。そこで，管理監督者は1日の中で部下を様子観察する機会（朝会や昼休憩前後など）を決めておくことも方法である。毎日顔を合わせる職場でない場合は，月例会議や研修などの機会に，日ごろから皆がどんな様子であるか知っておくことが必要である。また，定期的な面談を通して部下の状況を把握しておくことも大切である。

　②気づき：『何かいつもと違うなぁ』と感覚的に思うときは，その部下の行動に注目し，何がいつもと違うのかを判断する。様子の変化として，遅刻や早退，欠勤が増えたり，残業や休日出勤が必要以上に増える，仕事の効率が悪くなる，などがある。

　③声かけ：気づいた行動の変化について，部下に直接声をかける。「最近遅刻が多いが，どうしましたか？」と確認すると，部下は責められているように感じることもあり「何でもないです。以後気をつけます」と返答し，話を終わらせようとする。これでは，①〜②を通して気づいた意味がなくなる。伝え方としては，「遅刻が多くて，心配している」といった具合に心配している，気になっていることを表現する。

　④話を聴く：③の声かけに通じるが，問題解決的に対応すると，何が原因な

のかその原因をどうしたら問題が解決するのかといった話の展開となり，その過程で部下は責められているように感じることもある．また，感情的な部分を上司が理解しないと捉え「わかってくれない」と感じることもある．この段階で行うことは，今どんな状態なのかを気持ちも含めて把握することである．上司1人で正確に把握しきらなくてもよい．精神的に辛い状態にあると，考えをうまく伝えることが難しいこともあるため，まずは話を聴いてみて，その中でどんなことが表現されたのかを部下と共有することを念頭におく．さらに把握が必要な場合は⑤の〈つなぐ〉方法もある．

⑤つなぐ：これを周知するには，後述する次項［2］の職場体制が整備されていることが必要となる．つなぐことによって，管理監督者が1人で抱え込む状況を防ぐ．

5）事例で対応を理解　職場で生じやすい事例を用いて，前項目4）の①〜⑤の流れを確認したり，各事例で①〜⑤のどの部分が重要かを説明すると，具体的な理解につながる．また，演習（ワーク）形式を取り入れて，グループセッションをすると，管理監督者自身の対応をふりかえる機会ともなる．用いる事例の中に，ハラスメントに該当するような内容を含めておくと，管理監督者の対応のふりかえりにさらに役立つ．

6）演習内容の提案：聴く　事例を演習に取り入れることに加えて，ぜひ検討いただきたい内容が前項目4）の④にある聴くことに関する演習である．専門的要素を含むため，産業保健スタッフやカウンセラー，外部講師などに依頼することを勧める．

①聴く大切さ：「聴く」姿勢は，仕事を進めるうえでの問題解決的な姿勢とは異なる．そのため，聴くことで得た情報に対して直接的に評価や解決をすることはしない．どのような困りごとを抱えているのかを「聴く」ことで，状況の把握をし，その困りごとによる本人の負担感を知る．

聴く目的は，部下がどんな困難を抱えているのかの状況把握をして，その困難をどう受けとめているのか，その困難のために身体的，精神的にどのような負担があるのかを部下の視点で知ろうとすることである．上司の考えや判断は含めない．

この「聴く」姿勢は，仕事上，問題解決的対応で行き詰まったときにも有効

である．行き詰まると，上司は「とにかく頑張れ」と叱咤激励しがちであり，部下は「頑張ります」という言葉に終始しがちであるが，行き詰まっている状況を丁寧に聴き理解することで，何に行き詰まっているのかがわかり，部下の負担を感情の部分も含めて知ることができ，場合によっては具体的対応を上司も部下も考えやすくなる．

　②聴くことに必要な要素：「聴く」とは，どんな姿勢で，どんな方法で行うのか？　聴くことに必要な要素を体系的にまとめているものが，マイクロカウンセリング技法（これ以降はマイクロ技法と表記する）である．マイクロ技法は，アイヴィ（Ivey, 1971）によって提唱された．さまざまなカウンセリングに共通する基礎的技法を抽出し，それらを1つひとつの細かな単位に分解し，ビデオやオーディオなどのメディアを通して1つずつ効果的に技法習得をさせるもの（Ivey, 1983）である．コミュニケーションの形を「技法」と命名し，技法習得を目に見える形にしており，習得のしやすさが特徴である（福原ら，2004）．

　図2-1がマイクロ技法の階層表である．「聴く」には，かかわりの姿勢を示す「かかわり行動」と，話を聴いていることを示す「傾聴技法」がある．この階層表にもあるように，聴く要素である「かかわり行動」と「傾聴技法」は，階層表の下部に位置し，マイクロ技法のベースとなっている．この表に従うと，業務上行う指示や助言なども，聴くことを行ったうえで成り立つと見なす．聴くことに必要な要素，「かかわり行動」「傾聴技法」について，福原ら（2004）とアイヴィら（Ivey et al., 1997／邦訳，1999）を参考に簡単に説明する．

- かかわり行動とは…相手に注意を向け，かかわりをもつことである．コミュニケーションの要素（表2-1）を，相手に注意を向けていることが相手に伝わるように用いる．技法には，聴くときの態度（背筋を伸ばし，やや前傾）などの身体言語や，視線の合わせ方，声の調子，言語的追跡（うなづき）などが含まれる．
- 傾聴技法とは…相手の話を聴くために必要な技法である．開かれた質問／閉ざされた質問がある質問技法や，相手が話を続けることを促進するはげまし技法，話されたことのエッセンスを相手にフィードバックするいいかえ技法，話された内容の感情に焦点を当ててフィードバックする感情の反

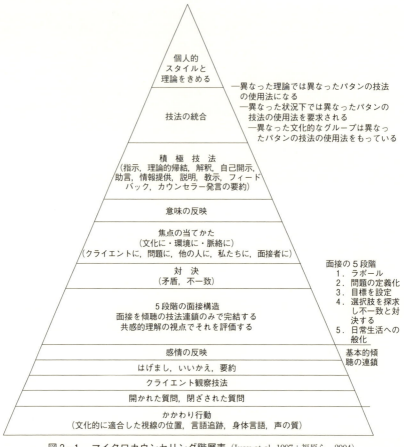

図2-1　マイクロカウンセリング階層表 (Ivey et al., 1997；福原ら，2004)

映，今までに語られた内容を面談ごとなど大きなくくりでまとめる要約などが含まれる。

③演習に対する反応：マイクロ技法は，コミュニケーション能力向上にも有効である（河越，2014）。普段から部下とのコミュニケーションに気がかりをもっている場合，教育や演習にも意欲的に参加する。しかし演習を取り入れると，「やっている意味がわからない」「無意味である」と拒否反応を示す参加者もいる。これは，職場に限ったことではなく，大学の授業でも同様の意見が一定数寄せられる。演習自体わざとらしく感じたり，恥ずかしいと考えることか

表 2-1 コミュニケーションの構成要素 (渡部, 2011；諏訪, 2010をもとに作成)

単語	言葉
準言語	語調（音の強弱，長短，抑揚，発話の速さなど）
非言語	表情，動作（身体言語），視線，装い　など
コンテキスト	その場の状況，背景，文脈 同じメッセージでもコンテキストによって 意味，効果が変化
ノイズ	阻害因子 物理的ノイズ（騒音，照明，温度　など） 心理的ノイズ（不安，心配　など） 言語的ノイズ（年齢，性別，国の違い　など）

ら生じる拒否反応とも考えられるが，研修の感想を確認すると，職場ではそれ以外の要因も含まれる。教育や演習の目的と，参加者の反応のズレが生じる要因として考えられるのが，教育や演習の目的は安全配慮やリスク管理的視点（パワハラ対策）から成り立ち，それによって管理監督者の対応に着目しているが，管理監督者の個人的な困惑感にはフィットしていないと考える。参加者である管理監督者が職場で業務上早急に対応すべき問題を抱えている場合は，聴くことを演習することより，端的にどんな対応をするのか講義形式で学んですぐにでも職場に戻りたいと考えるであろうし，特性に応じた対応が必要な部下を抱えている場合，聴くこと以上にどんな伝え方をしたら部下が指示に従い業務を円滑に行うことができるのかを知りたいであろう。「聴く」演習を取り入れる際には，管理監督者自身に今の聞き方を自覚する機会を設け，演習への動機づけを高めることも必要と考える。

　また，マイクロ技法の研修に参加するなかで，繰り返し，どの講師によっても説明されるのは，繰り返し練習をする必要性である。

　マイクロ技法の研修では，話し役（聞いてもらう役）と聞き役，観察者を設ける。自分が3つの役割を体験することで，自分の聴くスキルを練習にて磨くだけでなく，他の参加者の方法を観察することで，それをモデルとして学びを深めることができる。

　管理監督者自身が，聴いてもらうことによる肯定的体験を通して，聴くとは

どういうことかを職場でのモデルを通して実感している必要がある．また，会社で研修を体系立てて行っていくなかに，聴くことに関する演習も継続的に取り入れていくことが必要である．しかしながら，毎回参加が難しい参加者もいるため，そのような参加者も考慮して研修計画を立てていく必要がある．

［2］職場の体制

1）管理監督者を支える組織体制　「メンタルヘルスケアを行っていく大切さや，管理監督者としての役割は理解できた．行っていきたいとは思うが，管理監督者のケアはだれがしてくれるのか？　普段の業務に加えて，部下の様子にも気をつかって．一番疲れるのは管理監督者でないか？」

これは，ある会社で管理監督者研修を行っている際に参加者から聞かれた言葉である．筆者自身とても考えさせられた言葉であり，教育を行ううえで，対象者がおかれている環境を考える大切さを実感した．

役割があることを教育機会に発信するのは，これまでの説明に添えばそれほど難しくはない．法的な根拠もある．しかし，管理監督者としての役割はメンタルヘルスケアだけではない．組織の利益に貢献することが本業である．管理監督者が，本業でのマネジメントをしながらラインケアとして機能を果たせるように，組織には，管理監督者の役割を支援できる仕組みが必要である．管理監督者が部下の状態を把握したあとに，どの部署につなぐことができるのかをまとめた，チャート式の連絡先一覧があると対応がしやすい．また，組織によっては，産業保健スタッフの在籍する健康管理部門を第一の〈つなぐ〉部署にしているところもある．筆者自身も産業保健スタッフとして勤務した経験があるが，健康管理部門を第一の〈つなぐ〉部署にする利点がある．まず，相談内容を健康面と精神面の両面からアセスメント（考察）することができる．また，相談に対応した管理監督者のケア（対応のふりかえり，対応時の負担感の表出など）にもかかわることができる．

いずれにしても，管理監督者が1人で抱え込まない環境づくりが必要である．

2）ラインリスナー　ある会社で行っていたのは，直属の上司以外に，他部署の上司がラインリスナーとしての役割をもち，話しを聴く，相談に乗るなどを行っていた．この利点は，直属の上司には評価が気になって相談したり確

認しにくいことも，他部署の上司であれば，評価を気にすることなく話しやすい，という点である。上司についても，業務とは区別して相談に乗れることで，聴く役割に徹しやすい。しかしながら，ラインリスナーは，直属の上司でなく業務とは区別されることから「聴く」ことの理解が関係性に直接影響を及ぼす。ラインリスナーとして役割をもつ前に，研修を導入している組織が多い。また，研修のなかで，ラインリスナーとして機能する時間を，通常業務のなかでどう割くのかなどの周知が必要である。

　3）**職場での交流**　　何か問題を抱えている人は，問題にエネルギーを費やすことになり部下に限らず孤立しやすい。孤立すると周囲も対応がしづらい。問題が対処しやすいうちに周囲からサポートを得られるような，サポートシステム構築を普段から意識するよう伝えることも，1つの手段である。サポートシステムが構築されていると，管理監督者がケアする前に同僚のケアで解決するケースや，「いつもと違う」という気づきが当人でない同僚から管理監督者に報告されることもあると考える。管理監督者だけが，ラインケアに携わるのでなく，他のメンバーも日頃からケアしあう間柄になるということだ。

　サポートシステム構築自体は，管理監督者の役割ではない。あくまで組織として考えることであるが，職場の特性や特徴は実際に所属している者のほうが把握している。ある職場では，ホワイトボードに部署にいる全員の名前が記載してあり，業務以外にも何か伝えたいことがあると，付箋に要件を記載して，ホワイトボードのその人の名前のところに貼っておくようにしているとのことだ。営業職などで昼間，社外で出ている社員の多い部署では，実際にお互いに顔を合わせる時間が限られているので有効である可能性が高い。

　実質的に役立つサポートや職場に受け入れられやすい運用を，職場や組織で考えていく過程もまた，交流の機会となり得ると考える。

引用・参考文献
福原眞知子・アイビイ，A. E.・アイビイ，M. B.（2004）．マイクロカウンセリング理論と実践　風間書房
Ivey, A. E.（1971）. *Microcounseling: Innovations in interviewing training.* Springfield, IL: Charles C. Thomas.
Ivey, A. E.（1983）. *Intentional interviewing and counselling.* Monterey CA: Brooks/Cole.

Ivey, A. E., Gluckstern, N. B., & Ivey, M. B.（1997）. *Basic attending skills*（3rd ed.）. North Amherst, MA: Microtraining Associates.（福原眞知子（訳）（1999）．マイクロカウンセリング 基本的かかわり技法　丸善出版）

河越隼人（2014）．日本における実証的研究を中心としたマイクロカウンセリング研究の動向と展望　マイクロカウンセリング研究, *9*, 13-27.

厚生労働省　こころの耳（働く人のメンタルヘルス・ポータルサイト）
　　＜http://kokoro.mhlw.go.jp/＞

諏訪茂樹（2010）．対人援助とコミュニケーション（第2版）（pp. 48-58.）中央法規出版

渡部富栄（2011）．対人コミュニケーション入門（pp. 8-11.）ライフサポート社

第3章 ストレスチェック

1．ストレスチェック制度とは

[1] ストレスチェック制度の概要

　2006（平成18）年3月31日「労働者の心の健康の保持増進のための指針」が公表され，事業場におけるメンタルヘルスケアを向上させ，メンタルヘルス不調を未然に防止することが課題となっている。また，平成25年には4大疾病にうつ病を含む精神疾患が加えられ，精神疾患に対するケアの重要性が広く知られることとなった。精神疾患につながるメンタルヘルス不調の早期発見・早期治療や再発予防といった観点が重要視されると同時に，近年ではメンタルヘルス不調を予防することが大きな課題となっている。

　2014（平成26）年6月に公布された「労働安全衛生法の一部を改正する法律」によって，従業員50人以上の事業場におけるストレスチェック制度の導入と実施，および結果に基づく面接指導などが義務化された（第1章第1節2参照）。ストレスチェック制度とは，従業員一人ひとりが自らのストレス状態を把握して，活き活きと働くための制度である。職場におけるメンタルヘルス不調対策は従業員，事業主，外部資源などが協力して包括的に運用すべき課題であり，この制度によってより効果的なメンタルヘルス不調対策の構築が望まれる。

　本章では，ストレスチェック実施の手順と，ツールの紹介，結果の活用方法について述べる。

[2] ストレスチェック制度の目的

　厚生労働省が作成したストレスチェック制度の実施マニュアルによれば，ス

トレスチェックの目的は大きく分けて下記の3つである。
　①従業員が自分自身のストレスの状態を知ること
　②事業主は従業員のストレス状態に応じた対処をすること
　③メンタルヘルス不調を未然に防止すること

　企業においては，従業員が自分自身のストレスに気づいてセルフケアの重要性を把握し，同時に事業主が従業員のメンタルヘルス不調の予防にいち早く取り組むためにも速やかなストレスチェック制度導入が急務である。

2．ストレスチェック実施のための制度づくり

［1］実施のための準備

　1）役割分担　　ストレスチェック実施のために，役割の分担を決定する。役割は「制度づくりや管理を担う役割」「実施の事務を担う役割」に分けられる（図3-1）。「制度づくりや管理を担う役割」は事業者とストレスチェック制度担当者に分けられる。ストレスチェック制度担当者の業務はストレスチェック制度の実施計画の策定や実施の管理に関する業務であり，衛生管理者や事業場内メンタルヘルス推進担当者などが望ましいとされる。

　「実施の事務を担う役割」としては実施者と実施事務従事者に分けられ，外部委託も可能である。人事権を有するものは実施の事務に従事してはならない。

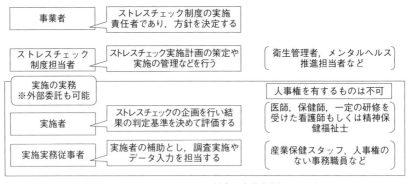

図3-1　ストレスチェック制度の実施体制イメージ

実施者になれるのは事業場内もしくは事業場外の医師，保健師および一定の研修を受けた看護師もしくは精神保健福祉士である。大きな役割としては，ストレスチェックにおける判定基準を定めるために事業者と協議することである。事業者と連携を取り，現場の状態に即した判定基準を設けることで，ストレスが高い（以下，高ストレス）従業員に自覚を促すきっかけとなる。実施実務従事者は産業保健スタッフや事務員などが望ましいとされており，データの入力や集計を担当する。入力されるデータを直接扱う役割のため，外部委託の場合にはデータの取り扱いなどについて特に注意が必要である。

2）事業場内のルールづくり　　実施者など必要な役割分担を決定したあと，衛生委員会などでストレスチェック実施に関する項目を審議する。審議事項は下記11項目である。

①ストレスチェック制度の目的に係る周知方法
②ストレスチェック制度の実施体制
③ストレスチェック制度の実施方法
④ストレスチェック結果に基づく集団ごとの集計・分析の方法
⑤ストレスチェックの受検の有無の情報の取り扱い
⑥ストレスチェック結果の記録の保存方法
⑦ストレスチェック，面接指導及び集団ごとの集計・分析の利用目的及び利用方法
⑧ストレスチェック，面接指導及び集団ごとの集計・分析に関する情報の開示・訂正・追加及び削除の方法
⑨ストレスチェック，面接指導及び集団ごとの集計・分析に関する情報の取り扱いに関する苦情の処理方法
⑩労働者がストレスチェックを受けないことを選択できること
⑪労働者に対する不利益な取り扱いの防止

（実施マニュアルより抜粋）

これら11項目について審議し，ストレスチェックに関わるルールづくりを行う。特に注意すべき点として，自己申告制となっているストレスチェックでは，ストレスが本当の状態よりも低くなるよう回答することも可能である。審議事

項の周知にあたっては，対象者となる従業員が安心して率直に自身のストレス状態について回答できるよう配慮した説明が不可欠である。

[2] ストレスチェックのためのツール：職業性ストレス簡易調査票

ストレスチェック実施にあたっては，ストレスの状態を知ることを目的としてさまざまなツールが開発されており，コスト，実施時間，実施内容などからそれぞれの職場に応じたツールを選択する必要がある。厚生労働省はストレスチェックのツールとして「職業性ストレス簡易調査票」を推奨している。

職業性ストレス簡易調査票とは，全57項目で構成される調査票である。ストレスチェックにおいて調査すべき3領域「心理的な負担」「心身の自覚症状」「職場のサポート」について調査できる内容となっている（表3-1）。

厚生労働省のメンタルヘルス情報サイト「こころの耳」には職業性ストレス簡易調査票の使用方法や質問項目が公開されており，外国人労働者を対象とした英語版の調査票も掲載されている。

表3-1　職業性ストレス簡易調査票の内容

A. 仕事のストレス要因：17項目	B. ストレス反応：29項目	C. 修飾要因：11項目
仕事の質的な負担	活気	上司からのサポート
仕事の量的な負担	イライラ感	同僚からのサポート
身体的負担	疲労感	家族や友人からのサポート
知人関係	不安感	仕事や生活の満足度
職場環境	抑うつ感	
コントロール	身体愁訴	
技能の活用		
適正度		
働きがい		

[3] ストレスチェック実施

1）実施方法　ストレスチェック業務の実施については，担当者が行う場合と外部委託に分けられる。ストレスチェック業務を事業場内で行う場合は，調査票の結果の入力，分析および出力と結果の送付といった業務を担当者が担うこととなる。無料の分析用ツールも公開されているが，担当者の負担には十分考慮し，可能であれば一部作業を外部委託するなど負担を減らす対策も重要である。ストレスチェック業務を外部へ委託する場合には，経費との兼ね合い

第3章 ストレスチェック 27

図3-2 職業性ストレス簡易調査票の質問項目例

を検討しながら，フィードバックの内容，結果の活用方法も含めたコンサルテーションなど幅広い業務に対応できる業者に委託することが望ましい。外部委託の場合には，データ管理の方法について十分な態勢を整えることが必要である。また，インターネットを利用する場合にはデータの暗号化などの対策が必要である。

ストレスチェックの回答方法としては印刷物を配布・回収する方法と，インターネット上のWebシステムで回答する方法の大きく2つに分けられる。それぞれにメリット，デメリットを考慮して職場に合った実施方法を選択する。調査票を配布・回収する場合には，データの入力を実施実務従事者が行うこととなり，判定までに一定の時間を有する。一方，Webシステムで実施する場合にはデータの回収や入力作業が大幅に削減され，判定結果の即時評価が可能となる。Webシステムの導入についてはインターネット環境の整備やパソコン，スマートフォンなどの端末が必要となる。調査票を配布する場合には，環境整備などは必要ないが，回収にあたって調査票を封筒に入れて提出するなどの配慮が必要となる。業種や実施場所などによって，適切な方法を検討することが回答する従業員や実施実務従事者の負担を軽減することとなる。

2）実施時期　ストレスチェックの実施時期は明記されておらず，健康診断と同時に実施することも可能である。ただし，結果については健康診断結果と異なり，ストレスチェック結果は本人以外に閲覧されない状態で通知することとなる。

3）実施回数　2015年12月1日から2016年11月30日までの間に1回実施するよう規定されている。最低年1回の実施が義務となるが，半年に1回など，定期的かつ継続的に実施することでストレス状態の変化を把握することができる。ストレスチェック結果を有効に活用するためには，職場の繁盛期や閑散期，人事異動の時期などを考慮し，定期的に実施することが望ましい。

［4］面接指導

1）結果の判定と通知　ストレスチェックの結果については，実施者との協議によって面接指導などが必要な「高ストレス」常態かどうかを判定する。判定の基準は実施マニュアルにも目安が記載されているが（図3-3），職場環

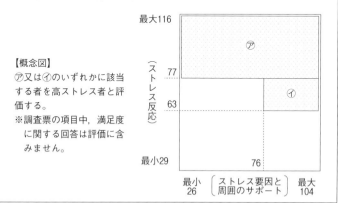

図3-3　評価基準の例

境に応じて適切な判定ができるよう安全衛生委員会等で基準を検討する必要がある。

　結果通知の後，従業員に対して「事業者への情報提供の同意」「面接指導の希望の有無」について尋ねる。情報提供の同意や面接希望については，従業員が結果通知を受けてから尋ねることが重要であり，ストレスチェック実施前に尋ねることは禁止されている。

　従業員から面接指導の申し出が合った場合，医師が面接指導にあたる。この場合の医師は，実施者と同じである必要はない。また，「高ストレス」の判定であっても面接指導の申し出がない場合には，実施者から面接指導を勧めることが可能である。

　面接指導が必要な状態でない場合でも相談対応できるよう，メンタルヘルスにかかわる相談窓口を設置して周知することも，メンタルヘルス不調の予防に効果的と考えられる。

3．ストレスチェック結果の活用

［1］結果の管理方法

　情報提供に同意された情報は事業者が保管することが義務づけられ，それ以外については実施者が保存することが望ましいとされている。事業者は従業員が同意して提供された情報については5年間保存する義務があり，提供を同意されていない情報については保存が適切に行われるよう措置を講じる必要がある。社内で保管する場合には，キャビネットやサーバー内に保管して鍵やパスワードの設定を行い，保管と閲覧には細心の注意を払う。外部委託の場合も同様である。

［2］具体的な活用方法

　1）本人から面接指導の申し出があった場合　　結果の通知を見て，本人から医師による面接指導の申し出があった場合，事業者は申し出から1か月以内に医師に面接指導を行うよう要請する。また，面接が行われてから1か月以内に就業上の必要な措置や対応策について意見を聴き，しかるべき対処に当たる。

　2）面接指導の申し出がない場合　　ストレスチェックの結果，「高ストレス」という判定にもかかわらず面接指導の申し出がない場合もある。実施者は判定結果をもとに，従業員に対して勧めることができる。

　事業場内の取り組みとしては，部，課，グループなど個人が特定できない程度（10人以上）の集団ごとにまとめられた結果をもとに，職場の改善に活用することが可能である。気になる従業員がいたが面接指導の申し出をしている様子がなく，ストレスチェックの結果を見ることができない場合であっても，集団としてのストレス状況を把握して改善することが可能となる。

　ストレスチェック実施の結果，「高ストレス」となった場合に安心して面接指導の申し出を出せるよう，実施にあたっての説明は通達方法・内容とも十分に検討する必要がある。ストレスチェックはあくまでもメンタルヘルス不調の未然防止が目的であり，ストレス状態の自覚を促すことが重要である。メンタルヘルス不調者を選別するのではなく，ストレスチェックを受けた従業員がセ

表3-2 ストレスチェックに関する情報の取り扱い

		従業員本人	管理監督者(直属上司・部門長等)	ストレスチェック実施者(ストレスチェック実施のみ担当)	面接指導実施医師(面接指導のみ担当)	ストレスチェック・面接指導のいずれも担当しない産業保健スタッフ	実施事務従事者	人事労務部門
ストレスチェック受験の有無		○	○	○	○	○	○	○
ストレスチェック受験の結果(面接指導対象該当の有無)	結果提供についての同意なし	○	×	○	×	×	○	×
	結果提供についての同意あり	○	△	○	○	△	○	○
	面接指導の申出あり	○	△	○	○	△	○	○
面接指導の詳細な内容		○	×	×	○	△	×	△
面接指導に基づく就業意見		○	△	×	○	○	×	○
集団分析の結果		※	※	○	△	△	○	○

○：把握・取得可
△：就業上の措置実施等に必要な範囲・内容に限って把握・取得可
×：把握・取得不可
※：各事業場で検討したうえで把握・取得可とするかどうか決定

ルフケアを実践してストレスマネジメントできるようサポートし，必要に応じた対応をすることが求められる。

4．ストレスチェック制度の効果的な運用のために

　ストレスチェック制度の義務化を受けて，誰がどのように実施するのか，結果の管理や活用方法など検討すべき課題は多岐にわたる。また，メンタルヘルスにかかわる情報はデリケートな問題を含んでいるため，対応に苦慮することも多いことが推察される。ストレスチェック実施にあたっては従業員が信頼し

て結果を開示し，面接指導や職場改善を申し出ることができるよう日頃から信頼関係を築くことがカギとなる。

　従業員はストレスが高くなった場合にどのような対応を受けられるのかを知っておくことで，安心してストレスチェックを行うことができる。的確に対処して職場改善を目指すという目的を周知徹底し，従業員が率直な回答ができるよう配慮して実施することが適切なストレスチェックにつながる。ストレスチェックは，現在抱えているストレスの程度を知るきっかとして，より良い職場環境にしていくための材料となる。最低年1回の実施が義務とされているが，ストレス状況は，ストレスチェックの実施時期などさまざまな要因によって変化するものであり，継続的に実施してストレス状況の変化を把握することも重要である。

　なお，ストレスへの対処法や，具体的な職場づくり，セルフケアとして取り入れたいワークの紹介については第2部以降に述べる。

参考・引用文献

厚生労働省労働基準局安全衛生部労働衛生課産業保健支援室（2015）．「労働安全衛生法に基づくストレスチェック制度実施マニュアル」
　〈http://www.mhlw.go.jp/bunya/roudoukijun/anzeneisei12/pdf/150507-1.pdf〉

第4章　事業場内産業保健スタッフ等によるケア
職場内のメンタルヘルス推進担当者による取り組み

1．労働者の心の健康に関する現状

　近年，職場のメンタルヘルス対策は重要な課題の1つになっている。仕事や職業生活に関する不安，悩み，ストレスを感じている労働者が増加しており，自殺者総数は1998（平成10）年から13年連続で3万人を超え，それ以降も年間3万人前後で推移している。また業務による心理的負荷を原因として精神障害を発症し，あるいは自殺したとして労災認定が行われる事案も増え，社会的に関心を集めている。
　このような状況を背景に，事業者は，労働時間や仕事上のストレスなどを適切に管理し，労働者の健康を確保する責任を，今までにないほど問われている。

2．労働者の心の健康保持増進のための指針（メンタルヘルス指針）

　労働安全衛生法には，「事業者は，労働者に対する健康教育及び健康相談その他労働者の健康の保持増進を図るため必要な措置を継続的かつ計画的に講ずるよう努めなければならない」と定められている。これを適切に実施するため，厚生労働省（2006）は労働者のメンタルヘルスケアの原則的な実施方法について，「労働者の心の健康の保持増進のための指針（平成18年3月策定）」を発表した（第1章第2節参照）。指針には，メンタルヘルスケアの基本的な考え方や推進の仕方が示されており，「心の健康づくり計画」と「4つのケア」が大きな柱となっている。「4つのケア」は職場のメンタルヘルス対策の推進における関係者の役割分担を示したもので，具体的には「セルフケア」「ラインによるケア」「事業場内産業保健スタッフ等によるケア」および「事業場外資源に

よるケア」がある。職場のメンタルヘルスケアでは、これら「4つのケア」が継続的かつ計画的に行われることが重要である（第1章第2節参照）。

この章では、「4つのケア」の1つである「事業場内産業保健スタッフ等によるケア」について解説する。

3．衛生委員会（または安全衛生委員会）

［1］衛生委員会（または安全衛生委員会）の位置づけ

メンタルヘルス対策は，事業場のすべての労働者が自らの問題と捉え，積極的にかかわることが重要である。効果的な対策を進めるためには，現場をよく知る労働者等の意見を把握し，反映させる必要がある。また，産業医などの専門家の助言と，さらに経営・人事部門が加わることで，真の対策が可能になる。健康な職場づくりのためには，産業保健スタッフと経営・人事部門が協働し，それぞれの強みを活かしながら経営の中に従業員の心の健康に良い仕組みを組み込んでいくことが重要である。

衛生委員会または安全衛生委員会（以下「衛生委員会等」という）は，事業場の労働安全衛生方針を調査審議する場であり，メンタルヘルス対策についても労使が同席し意見交換しながら調査審議する。たとえば，健康情報の保護，長時間労働者への医師面接の基準のほか，「心の健康づくり計画」や「復職支援プログラム」の策定，その他の対策の実施方法などは，取り組むべき課題である。事業場内産業保健スタッフ等は衛生委員会等での審議を活性化し，専門的な助言や支援を行う役割を担っている。

［2］法令上の規定

衛生委員会は，業種にかかわらず常時使用する労働者が50人以上の場合，設置することを労働安全衛生法により義務づけられている。なお，常時使用する労働者の人数や業種によっては安全委員会を設置しなければならない場合がある。安全委員会および衛生委員会の両方を設けなければならないときは，それぞれの委員会の設置に変えて，安全衛生委員会を設置することができる。

衛生委員会は，毎月1回以上開催し，議事については開催のつど議事の概要

を従業員に周知するとともに，重要な事項の記録は3年間保存することなどが労働安全衛生法で定められている。

4．事業場内産業保健スタッフ等とは

［1］事業場内産業保健スタッフ等の役割

　事業場内産業保健スタッフ等は職場内の専門家として個々の従業員の健康相談に乗り，心身の健康の向上を支援する。個別の定期健診，ストレスチェック（第3章参照），職場環境の診断，健康管理に関する情報の提供，外部専門機関への紹介などがこれにあたる。また事業場内産業保健スタッフ等は，個人への対応だけでなく，組織が健康な状態になるよう支援していかなければならない。インフラの整備，従業員の健康を維持・増進し，早期発見・早期対応によって悪化を防止する仕組みづくり，健康に対する啓発活動などである。

　さらに労働者の健康や安全のためにすべきことについて会社への提言も欠かせない。職場のメンタルヘルス推進には，事業主，特に経営陣の理解が不可欠である。経営陣にメンタルヘルス対策が組織として重要な課題であることを認識してもらうことが必要である。適切なメンタルヘルス対策を行うことによって，従業員は安心して仕事に取り組め，それがパフォーマンスの低下による労働損失を最小限に食い止め，企業の活性化につながる。職場のメンタルヘルス対策はトップダウンで行う必要があり，事業場の労働安全衛生活動の一環として，さらには経営方針の一環として位置づけられることが望まれる。

［2］事業場内産業保健スタッフの種類

　心の健康づくりにかかわる事業場内産業保健スタッフには，産業医，衛生管理者等，保健師等，心の健康づくり専門スタッフ，人事労務管理スタッフ，事業場内メンタルヘルス推進担当者などがあり，それぞれ重要な役割を果たしている（表4-1）。なおストレスチェック制度において，事業場内産業保健スタッフ等が中心的な役割を担っている（第3章参照）。

　50人規模以上の事業場では安全衛生管理体制を整備するため，事業場内産業保健スタッフ等のうち産業医等と衛生管理者等の選任が，労働安全衛生法で義

表4-1 「労働者の心の健康の保持増進のための指針」に示された各事業場内産業保健スタッフの役割

産業医
　産業医は，会社において従業員の健康管理などを任されており，専門的立場から，対策の実施状況の把握，助言・指導などを行う。また，長時間労働者に対する面接指導，ストレスチェックおよび面接指導を実施するなどメンタルヘルス対策について，中心的役割を担っている。

衛生管理者等
　衛生管理者等は，産業医等の助言，指導等を踏まえて具体的な教育研修の企画および実施，職場環境等の評価と改善，心の健康に関する相談ができる雰囲気や体制づくりを行うことが求められている。

保健師等
　保健師・看護師は，他の産業保健スタッフと協力しながら，セルフケアおよびラインによるケアを支援し，教育研修の企画・実施，職場環境との評価と改善，労働者および管理監督者からの相談対応，保健指導，健康指導等に当たることが望まれる。

心の健康づくり専門スタッフ
　心理士やカウンセラーは「心の健康づくり専門スタッフ」と呼ばれ，他の事業場内産業保健スタッフと協力しながら，教育研修の企画・実施，職場環境等の評価と改善を行う。専門的な立場から，労働者および管理監督者からの相談対応等にあたるとともに，事業者への助言等を行う。

人事労務管理スタッフ
　心の健康は職場配置，人事異動，職場の組織といった人事労務管理と連携を取らなければ，適切に進まないことがある。人事労務管理スタッフの協力なくしてメンタルヘルス対策は機能せず，非常に重要な役割を果たしている。ただ，医療職ではないことから，守秘義務の問題でどこまで他の産業保健スタッフと情報を共有してもよいのかという線引きが難しい。

事業場内メンタルヘルス推進担当者
　事業場内メンタルヘルス推進担当者は，産業医等の助言，指導等を得ながら事業場のメンタルヘルスケアの推進の実務を担当する。いわば活動全体のまとめ役であり，メンタルヘルスにかかわる人事労務管理上の諸制度を熟知し，事業場の実態を把握するとともにメンタルヘルス対策の進捗状況をモニターしたり，担当者間および事業場外の専門機関との連携調整を行ったりする。事業場内メンタルヘルス推進担当者は，衛生管理者等や常勤の保健師等から選任することが望ましい。

務づけられている。選任義務がない従業員50人未満の事業場では，地域産業保健センターなどを活用するとよい。

5．事業場内産業保健スタッフ等によるケア

　事業場内産業保健スタッフ等は，労働者，管理監督者，事業場外資源にそれぞれ働きかけながらメンタルヘルスケアを推進する。「4つのケア」が有効に

機能するためには，関係者が相互に連携しながら事業場全体として，以下の業務に取り組むことが大切である．
　①メンタルヘルスケアの教育研修・情報提供
　②職場環境等の把握と改善
　③メンタルヘルス不調への気づきと対応
　④職場復帰における支援　　など

[1]　メンタルヘルスケアの教育研修・情報提供
　事業場内産業保健スタッフ等の役割の1つは，セルフケア，ラインによるケアがうまく機能するように支援することで，労働者への教育研修の充実が有効である．
　特に「ストレスマネジメント（セルフケア）教育」は大切である．労働者が自身のストレスに早期に気づき，適切に対処するといったセルフケア能力の向上，ストレス反応の低下につながる対策などの知識は，管理監督者を含め，すべての労働者に必要である．
　ストレスチェックの集団的分析は管理監督者にとって年に一度，自分の部署のストレス度について，自分のストレス・メンタルヘルス対策の姿勢について見直す機会になる．このタイミングでストレスやメンタルヘルス対策，コミュニケーション，管理能力向上などの管理監督者向け研修を計画すると効果的である．

[2]　職場環境等の把握と改善（未然防止）
　職場のメンタルヘルス対策では，個人のストレス対策だけでなく，メンタルヘルス不調者を生まない職場環境をつくることが重要である．そのためには，労働者が抱えている問題や職場環境による問題等，ストレス要因の現状を把握，評価し，何が問題なのか，十分に審議して改善を図らなければならない．調査票やさまざまなチェックツールを用いると，効率よく問題点を把握，評価できる．改善に伴う措置の内容を検討するにあたっては，管理監督者や関係者から得られた情報なども勘案して，勤務形態や職場組織の見直しなどさまざまな観点も含めて検討する必要がある．

メンタルヘルス対策の実施は，できることから1つずつ積み上げていくことが重要である。新しい対策をゼロから始める必要はなく，他職場の良い事例を水平展開するなど効果のあった対策を拡げていく視点が大切である。

そして，事業場の実態に即した「心の健康づくり計画」を策定し実施するとともに「心の健康づくり計画」の実施状況の評価及び計画の見直しを行うという流れを作ることが必要である。単に法令や規則を遵守するだけでなく，「計画（Plan）－実施（Do）－評価（Check）－改善（Act）」（PDCAサイクル）からなる一連の過程を定めて安全衛生管理を進めることで，より効果的に事業場の安全衛生水準の向上を図ることができる。

2015年からストレスチェック制度が義務化されたことを受け，ストレスチェックの結果を分析し，職場環境等の把握と改善に関して各企業で一定の体制づくりがなされると期待される。

［3］メンタルヘルス不調への気づきと対応

労働者の心の健康にはさまざまな要因が影響するため，メンタルヘルス不調者を生まない職場づくりを心がけていても，メンタルヘルス不調が発生する場合はある。メンタルヘルス不調者の早期発見と適切な対応を図るためには，労働者への相談対応や管理監督者との連携が可能となる体制の整備が不可欠である。

1）相談対応

①個人への相談対応：健康指導，健康相談などを通じてメンタルヘルスについて労働者の気づきを促し，必要があれば事業場外の医療機関や相談機関を勧めるのも事業場内産業保健スタッフ等の役割である。もし労働者から相談を受けた場合は，十分に話を聞き，必要に応じて管理監督者や事業場外資源と連携して対応する。

可能なら相談窓口を設置し，事業場内にカウンセリングの専門スタッフを配備すれば，より専門的な立場から，事業場の実情に合わせた相談援助を行うこともできる。

②管理監督者との連携：メンタルヘルス不調が発生した場合，事業場内産業保健スタッフ等は必要に応じて，管理監督者と連携し適切に対応することが望

ましい。たとえば，管理監督者が長時間労働等により疲労が蓄積している労働者の相談に対応した場合，事業場内産業保健スタッフ等に連携してもらえれば，産業医面談や労働時間管理などの対処が可能となり，メンタルヘルス不調の未然防止につながる。その際，情報共有について必ず本人の同意を得なければならない。情報漏えいはもちろんのこと，連携や情報共有によって労働者の不利益にならないよう十分に配慮しなければならない。

③事例性の重視：労働者や管理監督者の相談に対応する場合，事業場内産業保健スタッフ等には，病気の確定（疾病性）以上に，業務上，何が問題になって困っているか（事例性）を優先する視点が求められる。本人もしくは周囲にどう影響するか現実を捉え，精神医学的に問題がありそうだと判断されたときは，精神科医等の専門医につなげる。このまま働ける状態なのか，働くうえでの配慮が必要なのかなど，精神科領域の専門家からの情報を得る一方で，職場組織の見直しや周囲の人への影響など多角的な評価を行い，事態の収束に向けて働きかけていかなければならない。

2）相談体制の整備　　メンタルヘルスの相談窓口を設置するときは，まず社内体制の枠組みのなかでどのように位置づけて機能させるか検討する必要がある。

そして，労働者や管理監督者が相談の必要性を感じたとき，事業場内で誰に連絡すればよいか，その後どのような流れで相談できるかについて定めておかなければならない。守秘の方針，復職時のルールなど，相談を受けてから問題解決までの流れについても事前に整理し，相談ルートと合わせてマニュアル化するとよい。

また，相談窓口のパンフレットを作成し，労働者とその家族に配布すれば，労働者への周知や家族による不調の気づきにつながる。外部医療機関など事業場外資源へも配布しておけば，円滑な連携につながる。

3）外部資源との連携　　事業場外資源にはメンタルヘルスケアについて専門的知識をもつ各種医療機関，産業保健総合支援センター，地域産業保健センター，EAPなどが含まれる。たとえば，うつ病を発症した労働者のケアを事業場内だけで行うことには限界があるため，事業場外資源を効果的に活用することが望ましい（第5章参照）。

地域の産業保健センターの活用や，自治体や各種団体，労災病院などで行っている無料相談窓口を従業員へ周知するのも一策である。

事業場外資源との連絡窓口は事業場内産業保健スタッフ等が担当し，スムーズに連携できるよう日常的にコミュニケーションや情報提供などを行い，ネットワークを形成しておくことが必要である。

[4]職場復帰における支援

1）**職場復帰プログラムの策定**　どの事業場でも心の健康問題により長期に休みを取る社員が発生する可能性は十分にある。心の健康問題で休業する社員が発生したときには，安心して療養生活を送れるような手立てを講じ，回復した段階から無理のない職場復帰支援プランを作成し，再発が起きないように支援していかなければならない。

休業している労働者が円滑に職場復帰するためには，職場復帰プログラムの策定や関連規定の整備等により，休業から復職までの流れをあらかじめ明確にしておくことが必要である。

職場復帰については衛生委員会等で調査審議し，産業医等の助言を得て各事業場の実態に即した職場復帰支援プログラムを策定しなければならない。そして，実施に関する体制整備を行ったうえで，プログラムが組織的かつ継続的に実施されるよう事業場全体で取り組むことが大切である。

2）**職場復帰支援の流れ**　職場復帰支援の在り方について厚生労働省は，「心の健康問題により休業した労働者の職場復帰支援の手引き」を2004年に発表した（2009年改訂）。手引きでは，休職前から復職後の対応まで5ステップに分けて示されている。

〈第1ステップ〉病気休業開始および休業中のケア　労働者が病気休業診断書を提出して休業を開始する段階である。休業者が，安心して病気療養できる環境整備をすることが大切である。

〈第2ステップ〉主治医による復職可能の判断　本人の職場復帰の意思表示をもとに，主治医から復職可能の診断書が出された段階である。

〈第3ステップ〉職場復帰の可否の判断および職場復帰支援プランの作成　最も重要なステップである。「病気の状態がある程度回復している」こと

と「職場での労務に十分耐えうる状態になっている」こととは同じではない。復職にあたっての留意事項などを主治医にヒアリングし，本当に職務に耐えうるのかよく検討したうえで職場復帰の可否を決定する。

　職場復帰可能と判断されたら，いつから，どの部署で，何時間くらい，どのような業務をするか，業務上どのような配慮が必要かなどについて，詳細を決め，職場復帰支援プランを作成する。再発の兆候が見られた場合の対応も含めて明確にしておくことが必要である。

〈第4ステップ〉最終的な職場復帰の決定　最終的な職場復帰の決定が行われる。リハビリ出勤などの形態を使って，本当に職場復帰支援プランを実行しても大丈夫なのかを確認する。十分な回復が確認できたら，就業上の措置に関する意見書の作成が行われ，事業者により最終的な職場復帰が決定される。

〈第5ステップ〉復職後，フォローアップ　復職後のフォローアップ段階である。管理監督者，人事労務管理スタッフは，産業医などと連携を取りながら，症状の再発の有無や治療状況の確認，新しい問題の発生，勤務状況，職務能力の評価，職場復帰支援プランの実施状況の確認と評価を行う。必要なら，職場復帰プランの修正，見直しを検討する。

　職場復帰支援にあたっては，休業者が円滑に職場復帰し就業を継続できるように，事業場内産業保健スタッフ等が1つのチームとなり，管理監督者や事業場外の医療機関などと協力して職場復帰を支援することが望まれる。

6．メンタルヘルスに関する個人情報の保護への配慮

　事業場内産業保健スタッフ等は，健康情報を含む労働者の個人情報について，個人情報保護に関する法律および関連する指針等を遵守し，労働者の健康情報の適切な取り扱いを図らなければならない。特にメンタルヘルスに関する情報等は慎重な取り扱いが求められる。

　健康情報等の取扱いについては，衛生委員会等の審議を踏まえて一定のルールを策定し，関係者に周知することが必要である。万一，個人情報の漏えいや

不利益取り扱いが発生した場合には，再発を防止するためにその対策なども調査審議する必要がある。

7．小規模事業場におけるメンタルヘルスケアの取り組みの留意事項

　小規模事業場においては，事業者がメンタルヘルスケア実施を表明し，セルフケアおよびラインによるケアを中心に実施可能なところから進めることが望ましい。

　産業保健スタッフが確保できないときは，衛生推進者または安全衛生推進者を事業場内メンタルヘルス推進担当者として選任し，事業場のメンタルヘルスケアに取り組む。また産業保健総合支援センター，地域産業保健センター，健康保険組合等の事業場外資源を積極的に活用し，効果的にメンタルヘルスケアを推進することが望ましい。

引用文献・参考文献
加藤憲忠（2011）．生きた安全衛生委員会の運営のために　産業医学振興財団
厚生労働省（2006）．「事業場における労働者の健康保持増進のための指針」
　　＜http://www.mhlw.go.jp/new-info/kobetu/roudou/gyousei/anzen/dl/101004-3.pdf＞
　　（2016年2月14日検索）
　　＜http://wwwhourei.mhlw.go.jp/hourei/doc/kouji/K151130K0010.pdf＞
厚生労働省（2010）．「心の健康問題により休業した労働者の職場復帰支援の手引き」
　　＜http://www.mhlw.go.jp/new-info/kobetu/roudou/gyousei/anzen/dl/101004-1.pdf＞
　　（2016年2月14日検索）
日本産業ストレス学会（編）（2012）．産業ストレスとメンタルヘルス―最先端の研究から対策の実践まで―　中央労働災害防止協会
武神健之・新井孝則・宮崎孝幸・中山博之・白井ひろ子（2015）．産業医・労働安全衛生担当者のためのストレスチェック制度対策まるわかり　中外医学社
吉野　聡・松崎一葉（2012）．職場のメンタルヘルスの正しい知識　日本法令

第5章　事業場外資源の活用
外部サービスの効果的な利用法

1．事業場外資源によるケア

「労働者の心の健康の保持増進のための指針」（厚生労働省，2006）に示されている4つのケア（第1章第2節参照）のうち，「事業場外資源」を利用するねらいは，①事業場内スタッフ等では対応しきれない専門的な知識を活用できること，②事業場とは独立した機関であるため，労働者の相談内容等が事業場に知られないことなどとしており，事業場外（外部機関）に相談窓口を設置することが有効な場合があることを示唆している。

[1] 事業場外資源の例
「事業場外資源」として代表的なものを下記に示す。
　1）産業保健総合支援センター（地域産業保健センター）　独立行政法人労働者健康福祉機構が運営する。産業保健総合支援センターでは，専門スタッフが産業医・衛生管理者・産業看護職・人事労務担当者を対象としてメンタルヘルス対策をはじめ，産業保健に関する相談・研修・情報提供等を行っている。

　また，その地域窓口である地域産業保健センター（通称）は，地域の小規模事業主や労働者を対象とした事業を実施している。労働者50人未満の小規模事業場では，衛生管理者や産業医の選任が義務づけられていないが，このような事業場の産業保健活動や健康管理を担うために設置されているのが地域産業保健センターである。

　労働安全衛生法で定められた保健指導など，以下のような産業保健サービスを無料で提供している。
　①長時間労働者への医師による面接指導

②健康診断に基づいた健康管理，作業関連疾患の予防，メンタルヘルスや日常の健康保持増進について医師・保健師による相談
③訪問による産業保健指導の実施
④産業保健に関する機関や相談窓口等の情報提供

　なお，メンタルヘルス不調の事案については，同一事案に対して継続的な相談等の対応が必要な場合は一次窓口として機能し，その後は適切な外部機関等の紹介が行われる。

　２）健康保険組合連合会　　組合の役割は，保険の給付だけでなく，健康保持増進のための健康教育，健康相談，健康診査などの予防事業も行っている。病院の設置，相談・教育事業を実施している組合もある。事業所と連携し，セルフケア・ラインケア研修を実施している組合もある。

　また，健康保険組合だけでなく共済組合組織も同様の取り組みを行っている場合がある。

　労働安全衛生法改正により，2015（平成27）年12月からストレスチェック制度の創設が義務化され，健康保険組合や共済組合にも当該制度に対する問合せが増えてきているとのことである。

　３）中央労働災害防止協会　　事業主などが行う自主的な労働災害防止活動の促進を通じて，安全衛生の向上を図り，労働災害を絶滅することを目的としている。トータル・ヘルスプロモーション・プラン（THP）担当者や事業場内メンタルヘルス推進担当者の養成研修等を行っている。

　４）労働者健康保持増進サービス機関（健康診断機関）　　健康診断以外にも，労働安全衛生やTHPサービスを提供している場合がある。

　５）産業カウンセラー・臨床心理士・精神保健福祉士等　　産業カウンセラーは，社団法人日本産業カウンセラー協会が認定を行っている。臨床心理士は，日本臨床心理士資格認定協会が試験を実施しており，臨床心理系の大学院（修士課程）修了者に受験資格がある。精神保健福祉士は，精神保健福祉領域のソーシャルワーカーで国家資格であり，精神科医療機関や保健所，精神保健福祉センターなどで活躍している。産業領域のカウンセラーとして従事するにあたっては必ずしも明確な資格要件があるわけではないが，一般的には前述の資格者が従事していることが多いようである。他に，民間機関でカウンセラー

養成を独自に行い，資格認定を行う団体もある。特に産業領域でのカウンセラーは，人事労務的な問題やキャリアに関する視点も重要となることを念頭においておくべきであろう。

　加えて，心理系の新たな国家資格として公認心理師法が成立し（2015年9月16日公布），今後の展開が注視されている。

　6）精神科，心療内科等の医療機関　医療機関としては，精神科専門病院，総合病院内にある精神科・心療内科，精神科・心療内科の診療所（クリニック）がある。一般の人には，主に身体の症状として現れるものを扱う部署が心療内科で，精神の症状として現れるものを扱う科が精神科であると認識されている。精神科よりも心療内科のほうが受診の抵抗が少ないとの考えから，心療内科を標榜している医療機関も多い。また，神経内科は，認知症や神経の疾患（パーキンソン病など），脳血管障害を扱う。精神科のなかにも，その医療機関により，たとえば認知症を主とするところ，児童期を主とするところなど特徴があることもある。

　メンタルヘルス不調は，不眠や食欲の変化，身体（胃腸など）の不調が一次症状として現れることも多い。加えて，不調者は精神科・心療内科の受診に抵抗があることも多く，そのような場合にはまず一般内科等の受診から検討することもひとつの方法だろう。よって，メンタルヘルス不調に際し，精神科・心療内科に限らず一般内科等も事業場外資源として捉えておくことも必要かもしれない。

　7）地域保健機関（精神保健福祉センター）　各都道府県と政令指定都市には精神保健福祉センターが設置されている。精神保健および精神障害者の福祉の向上，自立や社会復帰のための指導・助言といった精神障害者向けの業務だけではなく，精神保健相談，関係機関の職員に対する研修なども行っている。個人に対しては，精神科外来診療や相談業務を行っている機関もある。

　8）各種相談機関等　個人向けの相談窓口としては，日本産業カウンセラー協会や，いのちの電話（日本いのちの電話連盟），私設相談機関などがあり，精神科病院等に併設されている場合もある。近年では，外国人労働者向け，若年者向けの専門窓口もある。

　厚生労働省では，メンタルヘルス対策として事業場外資源の有効な活用のた

めに，一定の要件を満たしたメンタルヘルス相談の専門機関を登録・公表している（厚生労働省労働基準局，2008）

9）復職（リワーク）支援のための資源　復職（リワーク）支援事業とは，精神障害で休職中の従業員が円滑に職場復帰できるよう，復帰のためのリハビリテーションの実施や，職場復帰受け入れ体制の準備・雇用管理などに関して助言・指導を受けるプログラムである。復職支援機関は，医療機関に併設される場合や，NPO法人が運営している形態などがある。独立行政法人高齢・障害・休職者雇用支援機構により設置される地域障害者職業センターでも，復職支援事業が行われている。

復職プログラムでは，SST（社会生活技能訓練）や認知行動療法，アサーショントレーニングなど，復職へ向けて必要なスキルの獲得と，再度の不調を予防するための内容が実施されている。

10）メンタルヘルスサービスを実施する機関（外部EAP機関）　EAP（Employee Assistance Program：従業員支援プログラム）は，日本ではメンタルヘルスサービス機関として認知され（森，2011），日本国内にも100社以上が存在するといわれている。詳細は第2節で説明する。

2．日本におけるメンタルヘルスサービス実施機関

[1] EAP について

事業場内のスタッフが自ら行う場合を内部EAP，事業場外からの提供を受ける場合は外部EAPと呼ばれる。

EAPの発祥はアメリカで，アルコールや薬物の乱用・依存症の問題に対処することが目的であった。国際EAP協会によるEAPの定義は，①生産性の問題に取り組み，②健康問題，夫婦間問題，家族問題，経済的問題，アルコール問題，薬物問題，法律問題，情緒的問題，ストレスなど仕事のパフォーマンスに影響を与えうる問題を含む個人的な問題を特定して，解決するのを支援するように設計された職場のプログラムである，としている（Masi, 2011）。

日本ではEAP＝メンタルヘルス対策を支援する外部機関（メンタルヘルスサービス機関）と認知されることが一般的である。日本におけるEAPの認証

制度として，2010（平成22）年より産業医科大学が認定を行っている。

[２] メンタルヘルスサービス機関で提供される内容

メンタルヘルスサービス機関において提供される代表的なものを以下に示す。

１）個人カウンセリング　従業員の個人的な問題解決を援助するために，専門家（臨床心理士や産業カウンセラーなど）が従業員またはその家族にカウンセリングを実施する。職場関連の問題では，上司や同僚との人間関係，キャリアの問題などがある。対面での実施に加え，電話カウンセリング，メール対応，ICTを用いたオンラインサービス形態も見受けられる。多忙な在職者にとって電話やメール，ICTを用いたカウンセリングは喜ばれる一方で，継続した相談が必要な事案では対面実施が不可欠となってくることも念頭においておくべきであろう。

一般に，心理カウンセラーが行うカウンセリングは，精神分析や来談者中心療法などさまざまな技法が使われるが，産業領域においては企業（組織）が費用を負担しできるだけ速やかな問題解決が必要とされる性質が強いことから，短期カウンセリング（Blief Therapy）や認知行動療法（Cognitive Behavior Therapy）を取り入れる場合も多い。契約によっては上限回数が設定されていたり，上限以降の費用は組織負担から個人負担になるなどの設定がされている場合がある。契約内容を確認し，周知する必要があるだろう。

なお，カウンセリングが行われる場所としては，①相談者（クライエント）が相談実施場所（カウンセラーがいる場所）まで出向く場合と，②カウンセラーが委託元が準備した場所（例として，会社の会議室など）に出向く場合がある。①の場合，相談者は出向くにあたり時間や交通費を要する一方で，来談を同僚に知られにくいなど来談への抵抗感が減少する作用があると考えられる。②については，相談者の時間的利便性は高まるものの，①と反対に同僚に来談が知られてしまうことを懸念し，来談が阻害される可能性もある。来談者が複数の候補（事業場の内・外）あるいは相談場所や日時を選択できる体制を整えることができれば，それが最善であろう。

２）管理職へのコンサルテーション　「最近部下の様子がおかしい」という様子にまず気づくことが必要なのはいうまでもないが，気づいた際にどう対

応したらよいか，どのように声をかければよいか多くの管理職の方が困っているという声を耳にする。このような際に，専門家が管理職に対して対応のアドバイスを行うことをコンサルテーションと呼ぶ。

なお，筆者の印象では，カウンセリングとコンサルテーションの区別が明確になされていない場合や，コンサルテーションが契約内容に含まれていることが職員に周知されていない事象も見受けられるので注意いただきたい点である。

3）研修の企画・実施　セルフケア研修として行われる内容として，ストレスの基礎知識やリラクセーション，アサーショントレーニングなどがある。ラインケア研修では，部下の不調の気づきとその対応などが代表例だろう。他に，精神障害や睡眠，栄養に関するテーマなども，日常に即したメンタルヘルスに関する研修内容として考えられる。また最近では，ストレッチやヨガ（ボディワーク），グループ活動を通して人間関係を見つめ直す取り組みなど，幅広い内容設定が見受けられる。

4）ストレスチェック　2015（平成27）年12月より，労働者数50人以上の事業場においてストレスチェックの実施が義務づけられた。メンタルヘルスサービス機関では，集計作業や結果のフィードバックなどを行っている。各事業場の産業医がストレスチェックの実施者となり，高ストレス者の判定や面接指導を行うことが望ましいとされているが，諸般の事情によりそれが不可能な場合には，それらの全部または一部を外部に委託する方法も考えられる。

また，ストレスチェックの実施は，各個人がストレス状態を把握することだけではなく，組織全体の傾向を知ることのできる機会ともなりえる。厚生労働省よりストレスチェックの実務従事者向けの無料ツールも公開されているが，集計作業等に要する労力は少なくなく，外部へ委託する事業場が増えてくるものと予想している。

5）その他　上記の他に，復職（リワーク）施設の運営や紹介，医療機関へのリファーなどが行われている。復職へ向けて，リワークプログラムを事業場内で実施することはきわめて困難であると思われ，これらについては外部機関を積極的に活用する必要があるだろう。

加えて近年では，災害や業務上の事故に関するストレスケア，各種ハラスメント対策に関する取り組みも見受けられる。

3．事業場内産業保健スタッフ等と外部資源によるケアの連携実践例

[1] A市の例（相談業務と研修，ストレスチェックの事務作業を外部に委託）

1）相談事業の委託　A市役所は，職員1,000名（正規職員500名＋非正規職員500名）の規模である。「心の健康相談室」として，2週間に1回，外部機関よりカウンセラー（臨床心理士）の派遣を外部委託している。相談業務の実施場所は，市役所内の会議室である。予約申し込みは，当該市役所の申し込み専用Eメールアドレスに必要事項を送信すると，担当カウンセラーより返信がなされ予約が決定する。予約手続きに人事担当者等を介する必要がないことで，来談への抵抗を減らす狙いがある。相談制度は，職員だけでなくその同居家族も使用可能となっており，たとえば職員（夫）が専業主婦である妻の異変に気づき，妻を連れて来談するようなこともできる。施設内での相談を職員がためらうことを想定し，A市独自の制度に加え，職員組合組織が別会場で行う相談制度も併せて周知し，相談制度の活用を呼び掛けている。また，自発来談に加えて，様子がおかしいと思われた職員に対し上司が来談を積極的に勧める土壌も培われている。このようなケースにおいて，カウンセラーが「外部機関に属している」という立ち位置は，守秘性が強力に確保される点と，来談抵抗の減少という観点で，非常に有効であろう。

2）研修の委託　毎年1回，全職員を対象にメンタルヘルスに関する研修を実施している。同じ内容を2日間に分けて合計で4回実施し，すべての職員が参加できるように配慮している。今後は，ストレスチェックの集計結果を参考として，研修内容のテーマ選定に役立てていく計画である。

3）ストレスチェック　ストレスチェックの実施（実施者）と高ストレス者への面接指導は，選任産業医が担う。外部機関へ委託する業務は，ICTと質問紙によるストレスチェックの実施と個人への結果通知のための作業，選任産業医への集計報告とし，外部機関は事務的な作業のみを実施する，という位置づけである。

ストレスチェックの外部委託先の選定にあたっては，これまでの相談事業や研修実施と同じ委託先とした。選任産業医が高ストレス者への面接実施後，医

療の介入は不要であるが支援が必要であると考える場合など，相談事業との連携も視野に入れようとしている。また，高ストレスと判定されなくとも，気になることがあれば積極的に相談制度を使用してもらうために，包括的に連携を図っていきたいということがその大きな狙いである。ストレスチェックを機に，より一層の一次予防を促進したいと考えている。

 4）その他　A市での相談業務の実施では，職員およびその家族に対するカウンセリングの他に，上司からのコンサルテーション業務もカウンセリングの契約枠内で実施している。加えて，カウンセラーには相談対応（面接）だけでなく，休職・復職制度等について助言など事実上のコンサルタントのような役割が期待されているのが実際である。

[2] B健康保険組合の例（相談業務と研修の外部委託）
 1）相談事業の委託　B健康保険組合は，全国を統括する上部組織の中に位置する支部組織であり，10,000人の組合員で構成されている。上部組織において，関連医療機関や私設相談機関での相談業務の実施に加えて，電話相談事業が行われている。B健康保険組合では支部独自の取り組みとして，地元医療機関（精神科）での相談業務を委託していた。しかし，医療機関への交通の利便性や，来談への抵抗の問題があり利用率が低迷していたため，非医療機関であり交通の利便性が良い立地にある相談機関との契約を開始した。

　このようなケースでは，たとえば相談の内容に組織的な問題が背景として疑われる場合でも，委託元が組合団体であり相談事業が福利厚生的な位置づけであることから，職制との連携などへ発展できない事例が見受けられる。対応が限定されてくる（組織への介入は難しい）場合があることを，念頭においておく必要があるかもしれない。

 2）研修の委託　相談事業の開始直後，一次予防の重要性の啓発や相談事業の広報という目的も兼ねて，積極的な研修会を実施するよう委託を行った。

[3] C労働組合の例（相談業務の実施）
 1）相談事業の実施　C労働組合は，製造業で単体での従業員数が10,000人規模の組織である。会社全体として，メンタルヘルスに関連する外部機関と

の契約としては，①健康保険組合が契約するEAP機関が提供する支援，②労働組合の上部組織が運営する相談事業，③C労働組合が独自に運営する相談事業，がある。

　本部は，組合の厚生棟にあり，平日は毎日カウンセラー（臨床心理士）が在室している。他の全国の事業所では，規模に応じて月1回以上の開室頻度となっている。組合員およびその家族からの相談対応に加え，職制からのコンサルテーションも行っている。

　C労働組合が運営する相談事業は，会社（人事）と組合の合意のもとに制度が構築され，組合がその運営の中核を担っているところに特徴がある。メンタルヘルスに関連する機能として，事業場内には健康管理室（産業医，保健師）があり，前述のようにEAPも取り入れているが，事業場内に独立・中立の組合による相談機関が設置されていることはきわめて珍しい取り組みではないだろうか。不調を自覚しても，本人が健康管理室を訪ねるには大きな決断が必要であろうことは容易に想像がつく。そのような際に，来談への敷居が低い窓口として効果的に機能することが期待される。また，本人の許可を得た場合には職制との連携や，医療機関へのリファーなども必要に応じて実施しており，気軽に訪れることのできる場所として，一次予防に貢献することを期待されている。

［4］外部機関との連携・委託にあたり注意すること

　事業場外資源による産業領域のメンタルヘルス支援＝EAPとのイメージを抱きがちであるが，これまで見てきたように働く人々を支援するためのさまざまな機関が存在する。

　昨今のメンタルヘルスに関する問題は，健康管理の視点からだけでなく，生産性の向上やリスクマネジメントなど，さまざまな観点から捉えられている。冒頭で述べたように，事業場外資源の活用は「事業所内スタッフでは対応しきれない専門的な知識を活用できること」である。

　事業場の規模や事業場内スタッフの対応でまかなえる範囲など，今一度精査し，必要な資源を活用することをお勧めしたい。

引用・参考文献

中央労働災害防止協会（編）（2006）．メンタルヘルス指針推進モデル事業場支援手引き
中央労働災害防止協会（編）（2006）．働く人の心の健康の保持増進　新しい指針と解説
厚生労働省（2006）．労働者の心の健康の保持増進のための指針
厚生労働省・独立行政法人労働者健康福祉機構（2012）．職場における心の健康づくり―労働者の心の健康の保持増進のための指針―
厚生労働省労働基準局（2008）．メンタルヘルス対策における事業場外部資源との連携の促進について　基案労発第0619001号
Masi, D. A. (2011). Definition and history of Employee Assistance Programs. In *Correct understanding and application of EAP necessary for all entities that implement measures for mental health*. Tokyo: Roudou Chousakai.
森　晃爾・市川佳居・Masi, D. A.・丸山　崇（2011）．企業のメンタルヘルスを強化するために―「従業員支援プログラム」の活用と実践（p.15, pp.27-53, pp.74-94.）労働調査会
大阪商工会議所（編）（2013）．メンタルヘルス・マネジメント検定試験公式テキスト　Ⅰ種マスターコース
島田　修・中尾　忍・森下高治（編）（2009）．産業心理臨床入門　ナカニシヤ出版
山口智子（編）（2014）．働く人々のこころとケア　介護職・対人援助職のための心理学　遠見書房

第2部
メンタルヘルスに関する基礎理論

　メンタルヘルス問題について実践を通して効果性を高めるには，そのもとになる理論を学ぶことは必須である．2部は全部で7章から成り立ち，第6章は労働をとりまく現状について，第7章はメンタルヘルス不調に関わるストレスモデル，続いて第8章は，在職者が抱える精神疾患，症状について説明を加える．第9章はストレスが最大限高じた時に生じる過労死と労災の問題に触れる．第10章は，過労死を防ぐためにストレスに対して原因であるストレッサーと結果であるストレインを結びつける仲介項に位置づけられるストレス・コーピング，またソーシャル・スキルを取り上げる．第11章は，働き甲斐のある職場づくりから最近注目されているメンタルヘルスのポジテイブ要因を論じる．最後の第12章は，働く人たちにとっていきいき働くという働きがいが述べられる．生きがいなくして仕事生活は成り立たない．以上の見地から，メンタルヘルスを支える基礎理論を紹介する．

第6章 メンタルヘルスの問題
労働を取り巻く現状から

1．メンタルヘルスとは

　メンタルヘルスという用語が使われて久しい。2008年までは，働く人たちが心の問題を抱えていることに関連して，メンタルヘルス不全という用語が使われてきた。2008年の労働安全衛生法の改正で，従来，心身に問題を抱えた状態に不全という語を当てていたのに対して，それに代わって不調という語が用いられている。不全という用語は，たとえば心不全のように疾患の感が強かったものを指すのに対して，不調とは誰もがそうした状態になりえるということからである。

　図6-1の枠組みで，人は底辺層から上層に向けて，最終目標は自己実現，安寧へと至る。底辺層は悩みや問題をより深くもっていて，しかも人によっては多岐にわたっている状態で，これをメンタルヘルス不調の状態（unhealthy state）とみるとわかりやすい。ちょうど私たちは中間層にいるがこの状態を適応の状態とみてよい。さらに最終目標の上層には，個人の自己実現（self actualization）と安寧（well-being）に加えてライフ・エンゲイジメント（life engagement：生活の充実）を挙げた。ライフ・エンゲイジメントとは，もともとオランダのシャウフェリら（Schaufeli et al., 2002）がワーク・エンゲイジメント（work engagement: 仕事の充実）という概念を提唱して，日本では島津（2007）が9項目なる尺度を完成させているのを受けて，筆者が，人が生活していくなかでの仕事を超えた生活の充実を加えたもので，メンタルヘルスの枠組みとして3つの目標としたのである。

　図6-1の底辺層のメンタルヘルス不調がさらに深刻化すると，突然死に代表される脳・心臓疾患による労働災害の問題や精神疾患に伴ううつ病などから

56　第2部　メンタルヘルスに関する基礎理論

図6-1　メンタルヘルスの枠組み（森下，2016）

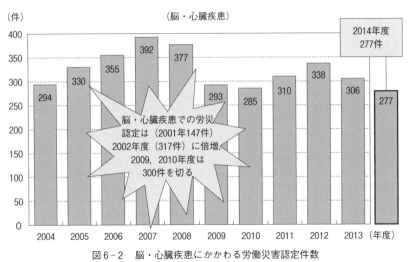

図6-2　脳・心臓疾患にかかわる労働災害認定件数
（資料：「26年度厚生労働省報道発表資料」より）

の自殺による労働災害の認定の問題が生ずる。図6-2および図6-3に過去10年の認定件数を示す。このうち，脳・心臓疾患による労災の認定件数は直近の2014年の結果は300件を割っているのに対して，精神疾患による労災認定は500件近くで，むしろ増加の傾向を示す。特に，メンタルヘルス問題は，次節でまとめる産業・就業構造の問題を抜きに考えることができない。

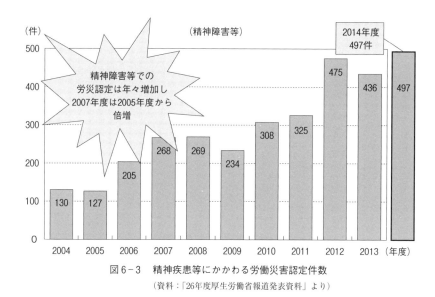

図6-3　精神疾患等にかかわる労働災害認定件数
（資料：「26年度厚生労働省報道発表資料」より）

2．今日の産業・就業構造の問題

[1] 就業構造

　雇用を取り巻く環境は，月単位で，あるいは年単位で著しく変化する。総務省統計局による労働力調査の2015（平成27）年の平均の雇用者は，労働力人口（自営業主，家族従業者，雇用者，完全失業者）と就業者の動向から見ると，表6-1のとおり，就業者は男性が3,614万人，女性が2,754万人，計6,367万人である。5年前の2011年は男性が3,636万人，女性が2,653万人，計6,289万人で男性が22万人の減，逆に女性は，101万人増加した。また，2015年の就業者数を15歳以上の人口で割った就業率は，男性が67.8％，女性が48.1％で，男性が20％の開きで多く，男女計では57.6％を示す。

　次に，就業者数6,367万人のうち，自営業主・家族従業者，それに雇用者は各々705万人，5,632万人である。雇用者を見ると，役員を除く5,284万人の内訳は男女合計の正規の職員・従業員は，3,304万人で前年の2014年に比べ26万人増えている。また，非正規は前年より18万人増加して1,980万人に達してい

表6-1　2015年（平均）の労働力調査結果

(万人)

	男女計	男性	女性
15歳以上の人口	11056	5328	5728
労働力人口	6589	3747	2841
就業者数	6367	3614	2754
自営業主，家族従事者	705	437	265
雇用者	5632	3158	2473
役員を除く雇用者	5284	2896	2388
役員を除く正規職員・従業員	2896	2261	1042
非正規職員・従業員	2388	634	1345
パート・アルバイト	1265	312	1053
パート	961	108	852
アルバイト	405	204	201
派遣	126	50	76
契約職員・従業員	287	154	133
嘱託	117	75	43
その他	83	42	41
就業率[1]	57.6	67.8	48.1
完全失業者	222	134	88
完全失業率（％）[2]	3.4	3.6	3.1

注1）就業率とは，15歳以上の人口の中で，実際に働いている人の割合をいう。
注2）失業率（完全失業率）とは，労働力人口（就業者と完全失業者の合計）に占める完全失業者の割合をいう。

る。

　男女別では，正規雇用は男性が2,261万人，女性は1,042万人である。これを2011年との比較で見ると，男性は52万人の減少，女性はわずか3万人のみ増えている。

　一方，非正規雇用は男性が634万，女性は1,345万人である。正規雇用と同じように2011年と比較すると，男性は63万人増加，女性は104万人の増加で非正規雇用の増加が目立っている。

　また，2011年の正規雇用者と非正規雇用者の割合は，64.9％に対して35.1％

表6-2　正規雇用者の年齢区分別男女別人数（%）

年齢区分	男性	女性
15-24歳（在学生は除く）	133（5.9）	113（10.9）
25-34歳	494（21.8）	278（26.6）
35-44歳	669（29.6）	266（25.6）
45-54歳	576（25.5）	223（21.4）
55-64歳	331（14.6）	126（12.1）
65歳以上	58（2.6）	35（3.4）

表6-3　非正規雇用者の年齢区分別男女別人数（%）

年齢区分	男性	女性
15-24歳（在学生は除く）	45（7.9）	59（4.6）
25-34歳	98（17.1）	192（15.0）
35-44歳	73（12.7）	320（25.0）
45-54歳	57（9.9）	330（25.8）
55-64歳	152（26.6）	260（20.3）
65歳以上	148（25.8）	119（9.3）

であったのが，2015年の割合は正規が62.5%に対して非正規が37.5%で過去5年の正規雇用率が減少する一方，非正規雇用者が僅かずつであるが増加の傾向にある。

次に，表6-2と表6-3に男女による年齢別正規雇用者，非正規雇用者数を挙げる。表6-2では，役員を除く正規雇用者数について男性の年齢区分別結果をみると，35-44歳が669万人（29.6%）で最も多く，続いて45-54歳が576万人（25.5%），逆に24歳以下は133万人（5.9%）と少ない。

一方，女性は25-34歳が278万人（26.6%）で最も多く，35-44歳が266万人（25.6%）とほとんど変わらず多く，逆に24歳以下は113万人（10.9%）で男性と同様少ない。男女では男性が35-54歳がピークに達しているのに対して，女性は25-44歳が多く男性に比し一区分若い区分に特徴がみられる。

表6-3では，役員を除く非正規雇用者数について，男性の年齢区分別結果を見ると，55-54歳が152万人（26.6%）で最も多く，続いて65歳以上が148万人（25.8%），一方，女性は35-44歳が320万人（25.0%），45-54歳が330万人

(25.8%) とこれら年齢層で半分を占めており,続いて55-64歳が260万人(20.3%)で多い。男女では男性が55歳以降が半数に達しているのに対して女性は35-64歳が多く,幅広い年齢層が非正規雇用にあることが明らかである。

次に,失業の動向について,2015年の完全失業率は3.4%,内訳は男性が3.6%,女性は3.1%である。

[2] 今日の産業・就業構造の問題

産業構造の動向について,表6-4に示すように産業別では,サービス業(宿泊業・飲食サービス業で373万人,生活関連サービス業・娯楽業で234万人,学術研究と専門・技術サービス業で208万人,その他のサービス業464万人も含む)が1位で1,279万人,2位は卸売・小売業が1,067万人である。3位は製造業が1,058万人,続いて4位に医療・福祉業が784万人である。農業・林業は,9位の212万人である。公務は229万人である。3次産業の典型といわれている

表6-4 2015年の主な産業別就業者数

(万人)

産業	順位	就業者数
農業,林業		212
建設業	⑤	506
製造業	③	1058
情報通信業		198
運輸業,郵便業		325
卸売業,小売業	②	1067
金融業,保険業		152
不動産業,物品賃貸業		115
サービス業,学術研究など		208
サービス業,宿泊業,飲食業		373
サービス業,生活関連など		234
教育学習支援業		310
医療福祉	④	784
サービス業(他に分類されないもの)		464
全サービス業	①	1279
公務		229

サービス業と，卸売業・小売業とで上位1位と2位を占め圧倒的に人数が多く，その半分の数で第3位に製造業が続いている。

また，将来に対する予測として（厚生労働省，2012），2030年の労働力人口推計では，経済のゼロ成長が続き，若年者への就労支援や高齢者の就業促進などの施策の効果がまったくない場合は，2010年の6,630万人から2020年は440万人減の6,190万人，さらに2030年には5,680万人で約950万人減少と見積もっている（図6-4）。

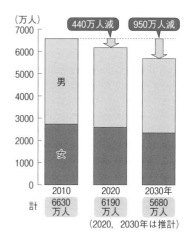

図6-4　労働力人口の推移（厚労省雇用政策研究会の試算，2012）

予測については，実質成長率も考慮し，また若者の就労支援や雇用創出企業の支援，女性の働く場の改善，高齢者の雇用の政策も大きくかかわることは言うまでもないが，グローバル化のわが国の経済力を一層維持し高めるには，国は今以上に女性や高齢者の雇用，さらに外国人労働者の数を増やす政策を必要する。

[3] 女性の雇用・職業問題

2015年の女性の役員を除く雇用者数は，女性が2,388万人で，うち正規の職員・従業員が1,042万人，非正規が1,345万人である。非正規雇用者が正規に比べて約半分，正規雇用者の男女の割合について女性は約1/3に満たない実態である。

正規雇用者と比べても女性は非正規合わせて2,889万人で特に，ここでは女性に絞って述べる。5年前の2011年が2,279万人で正規1,039万人，非正規1,241万人であった。10年前の2006年に至っては，2,195万人で正規が1,036万人，非正規が1,159万人であった。

2015年の非正規の職員・従業員は1,345万人で，男性の634万人の約2倍強である。なかでもパート・アルバイトが1,053万人で男性の3倍強，女性の非正

規の80％に近く圧倒的に多いことがわかる。派遣が女性，男性がそれぞれ76万人と50万人，契約社員では女性，男性がそれぞれ133万人と154万人であまりかわらない。女性では非正規が正規をやや上回っているのに対して，男性では非正規は正規の3割弱にとどまっている。

次に，法律面では，男女雇用機会均等法（以下均等法）が1986年に施行され，30年目をむかえる。同法は，また改正労働基準法（1988年）とも連動し，女子の時間外労働や休日労働，あるいは深夜勤務等についても規制が緩和された。

雇用形態別雇用者の過去10年の推移をみると，2006年が正規の従業員・職員が役員を除く女性全雇用者に対する割合が47.2％，2011年は45.6％，2015年は43.6％で正規の割合が10年前に比し3.6％の減少，逆に非正規雇用が年ごと増加の傾向にある。

均等法が成立して30年になるなか，男女勤労者に育児休業を認める「育児休業に関する法律」が，1992年から施行されたが，95年から30人以下の事業所にも育児休業法が適用され，休業給付金が実現して，条件の整備が図られている。

女性の労働力率を年齢階層別にみると，欧米では逆U字型に対して，わが国の場合M字型になる。M字型カーブについては，最初の頂点が20歳から24歳であったのが，2011年では25-29歳の72.8％に移動している。また，M字の底は1991年では30-34歳で51.6％であったのが，2011年には35-39歳で63.9％となり，その後上昇に転じ45-49歳で再び頂点に到達して，減少の傾向にある。M字型になる要因は，女性の場合，結婚や出産を機に労働市場をいったん退出し，育児の手が離れたあと，再び労働市場に参入していることが挙げられる。しかし，一方では出産後も就業を続ける就業継続型の割合が増加していて，就業意識も徐々に変わりつつある。また，女性活躍推進法（2015年；2016年4月から施行）が法案として成立したが，今後女性の雇用・職業問題の一層の進展が期待される。

以上から，産業・就業構造の変化は，働く人たちの根底を揺さぶるものであることからメンタルヘルス問題に対しては，よりしっかりした対応が求められる。

3．産業心理臨床の在り方

［1］産業心理臨床の果たす機能

　産業領域の心理臨床は，①精神障害または精神疾患（mental disorder）を対象とする個人療法のカウンセリング，②メンタルヘルス不調（unhealthy state）を主とする個別心理相談のカウンセリング，③この10年特に目立っているキャリアの問題にかかわる個別心理相談のカウンセリング，④クライエントが所属の職場関係者を対象とするコンサルテーション，⑤それに予防管理を主とする従業員，管理・監督者を対象とするメンタルヘルス教育などがある。

　このうち，①の精神疾患を治療する個人療法のカウンセリングは，病院やクリニックを中心に展開されている。産業心理臨床の多くは①の位置づけより，②を中心とした来談者の心の健康増進，心の成長モデルを提供するものとして行われる。

［2］産業心理臨床の独立性・独自性

　国や地方自治体などの公的産業組織か民間企業の産業組織かを問わず，そこで働く人たちは，刻々変容する内外の社会・経済的状況の変化をまともにこうむる。この外的環境の変化が，いずれの組織体で働く人たちにとっても大きな影響を与えることは論を待たない。

　実際，省庁等の事業再編などに伴う人員の削減や，企業同士の吸収合併，工場の閉鎖などが起こると，直ちにそこに働く人たちの心的問題が増幅する。たとえば，異動に伴ううつ状態，新しい職場や新しい仕事に馴染めないことによる睡眠障害，不安障害などが生じてくる。

　そこで，産業領域のカウンセラーである臨床心理士の在り方の基本的な考え方をまとめてみる。

　まず，はじめにカウンセラーは人事・会社側に位置するのではなく，独立性，独自性をもつ存在である。そのことが来談者にとって，また職制側にとっても益するところが大であるといえる。そのためには，組織から距離をとってかかわることが必要となる。ただし，当該産業組織体のおかれた環境，状況，人事

諸制度には精通したうえでの距離の取り方が確保されていなくてはならない。たとえば，休職に伴う処遇，復職も含めた諸規定など，生活にかかわることが具体的な問題としてかかわってくるからである。

相談室が組織内にあっても外にあっても，メンタルヘルス不調者をサポートする場合，個人カウンセリングが原点にある。その個人の心の健康の回復への援助と自己実現へのサポートが最大のねらいである。

その意味で，来談者側，産業組織体である企業側の双方に対して中立的な位置にカウンセラー自身のスタンスを置くことが肝要である。

また，カウンセリング場面での相談内容は，守秘義務を第一に個人の尊重，人間尊重のうえに立つことから他者への相談内容の漏れはあってはならないことである。

[3] 独立性・独自性と連携

ところで，前述の独立性，独自性，すなわち組織からの独立性，独自性だけで産業組織臨床が機能するかどうかについてここで考えてみる。後述するが，連携の意義が問われることがある。来談者や職制上の管理・監督者，人事担当者と一緒になって考えることは，ケースによってはよい結果が見出されることがある。直接筆者がかかわった事例では，面接17回，コンサルテーションを4回行うなど，上司や人事担当者とのコンサルテーションを通し，職制についての検討の結果，組織側の誤った理解を見直すきっかけになる場合や来談者に対するカウンセラー自身の誤った理解を見直すきっかけとなる場合があった。また，逆に，コンサルテーションを通し，カウンセリングの中で来談者自身が組織を見直す機会にもなったことが多々ある。

臨床心理士が最も陥りやすいことは，組織の中に，企業倫理の中にカウンセラー自身を埋没させてしまうことである。ここで再度強調したい点は，産業領域のカウンセラーは，中立性と独立性，独自性をもつことが必要であるということである。すなわち，心理的距離を保つことによって独自性は維持できる。

[4] 職場不適応の2つの側面

産業心理臨床では，実際職場不適応のケースに多く接する。ここでは，働く

人たちに生じる職場不適応の具体的問題を取り上げる。

職場不適応の1つに，本節［1］の①で挙げた mental disorder を中心とするケースがある。具体的な精神障害・疾患として，統合失調症，双極性気分障害，大うつ病，アルコール依存症などが挙げられるが，これら来談者は，専門医による投薬治療が求められ，同時に個人療法によるカウンセリングの必要性がある。特に，産業組織体に働くカウンセラーは，精神疾患の来談者のケースでは精神科医との連携が必要とされる。

次に2つ目は，サブクリニカルな意味での職場不適応で，ごく一般的に落ち込んだり，意欲の喪失，イライラが頻繁に起こったり，胃痛や頭痛，頭重など種々の心身の不調を問題とする不適応状態がある。この場合は，2つのタイプがある。

1つ目のタイプは，働く人たちの抑うつ感や不全感などの内的不適応感のケースであり，2つ目のタイプは，胃の不快感，動悸が頻繁に起こる，食欲不振，不眠などの身体的愁訴を抱えるケースである。

特に，2つ目のタイプは，身体的愁訴による職場不適応であり，①職場内の問題から生じるストレスや，②本人のパーソナリテイから生じるケース，また，③問題を抱えた人たちの家族や家庭に絡むケース，④自身の発達課題から生じる職場不適応のケースがある。

そこで，職場内の問題についてはより大きな視点から見ると，組織環境を構成する職場ストレッサー（ストレスの原因）を正確に把握することが重要となる。原因である主な背景要因は，当該組織の経営方針・施策に直接かかわる問題であって，これは働く人たちに覆いかぶさってくる組織ストレスである。昨今，グローバル化のなかで同業種の合併や統合，吸収と異業種との提携，連携からさらに先を見据えた統合，合併などが起こってくる。その際，経営トップから発せられる経営方針や事業施策は，当該産業組織体に働く従業員の個人レベルをはるかに超えたところの組織ストレスであり，従業員はこれを直に受ける。

一方，個々の具体的な形でのストレス要因がある。個々の具体的な要因として，昇進，昇格，逆の降格，異動に伴う職務内容や仕事の質・量の変化，新しい職場での対人関係などの不都合，当該配属先の組織の課題などの要因である。

この両面を押さえたうえで対応することが求められる。

個々のストレス要因には、たとえば異動に伴う単身赴任の問題、単身赴任にかかわる家族の事情、最新の技術動向と自身の能力不足の問題、能力発揮とワーク・ライフ・バランスに悩む従業員のキャリア問題などがある。そこにはうつ症状や不安に伴う睡眠障害などの身体愁訴がもたらされる。なかには出社拒否もありえる。

実際、働く人たちにとっては上記の原因が個人の心的ストレスを高め、メンタルヘルス不調状態に陥るが、そこで必要となるのが、当該組織を離れた臨床心理士であるカウンセラーの存在であり、それがクローズアップされるのである。

[5] ストレスチェック

さて、結果であるストレス反応といわれるストレインについては、いくつかの尺度が公表されている。一般的に強いストレス反応度が検出された場合は、問題が強くみられると判断し改善を図る必要がある。

たとえば、鈴木らのSRS-18（1995）では、「抑うつ・不安」「不機嫌・怒り」「無気力」の3つの下位尺度からなる18項目のチェックリストで4件法で回答を求める。総合得点は最高54点、最低0点の得点範囲である。

厚生労働省の職業性ストレス簡易調査票では、57項目の調査項目からなっていて、仕事のストレス要因、心身のストレス反応、周囲のサポートを4件法で測定する（第3章第2節[2]参照）。

また、大学院連合メンタルヘルスセンターのストレス反応尺度（2015）では、26項目のチェックリストで、4件法で回答を求める。総合得点は最高104点、最低26点の得点範囲である。

[6] キャリア支援

もう1つ大事なことは、働く人たちの問題の中で今日の企業環境、社会・経済的環境を反映してか、どう来談者が生きていくかという、来談者のキャリアに直接かかわるケースが多々ある。ハンセン（Hansen, 1997）は、統合的生涯設計（integrative life planning）を提案し、人生やキャリア設計への包括的な

アプローチが重要であるという。それは，仕事を他の生活上の役割との関係のなかで，または人生のなかで捉えるという考え方である。

このようにみていくと産業心理臨床は，筆者の経験からすると，病理のアセスメントと職場環境のアセスメントも行い，基本は成長モデルに基づく展開が必要であるということがわかる。

[7] 他職種との連携の実際

病理については，専門医との連携，投薬による治療をしながら心理療法を加える。本節冒頭で掲げた産業臨床の領域の①の場合，当該企業の健康保険組合（健康管理センター）やクリニック，総合病院の精神神経科などがその場である。心療内科の臨床心理士は，個人サービスとしての援助的機能をもつ活動が中心となる。特に病院の場合は，精神科医のもと病理モデルを基本とするカウンセリングが行われる。

また，⑤の場合は，健康管理と安全管理を統合したメンタルヘルス教育に重きをおいた，教育的機能をもった臨床心理士に活躍の道が開かれる。さらに，⑤は，援助的機能はほとんどなく，層別教育を通じてメンタルヘルスの啓発，また，調査を通した職場環境の測定や個人のストレスチェックなどが活動の中心となる。

③のキャリアカウンセリングでは，扱うすべてのケースの1/4は，キャリアに関わる開発モデルが含まれる。

そこで，実際的なカウンセリング場面での解決に向かっての動きとしては，他領域，他職種との連携（リエゾン）の課題がある。病院等では，チーム医療という言葉がよく使われる。連携はもともと病院での他専門職種との連携・協働のときに使われている言葉である。

医療の領域では，「コンサルテーション・リエゾン精神医学」という観点から，来談者の面接やチーム会議を通して本人の治療促進にいかに関与するかということが重要となる。来談者の治療環境を整えるために，カウンセラーが来談者に関する見立てを医師や看護師らに伝えることで，医療チームの潤滑油的役割を果たすのも大きな役割である。

小此木ら（1992）は，精神医療領域の本来の意味は，精神科医と他科の医療

スタッフが継続的な連携システムをつくり，他科の来談者の精神面の診療を行うことであるとしている。リエゾン（liaison；連携）とは，フランス語の結びつけること，結合，連結の意味に由来する。心理臨床で使われているリエゾンは他領域，他部門，他業種の関係者と協力，共同して来談者への援助をなす場合を言う。

　従業員・職員がうつ病で自ら命を絶つ場合がある。もし，予兆行動がみられる場合，特に単身者の場合は自宅に戻った場合は家族がいないためリスクが高まる。勤め先では，職場の上司，同僚，人事担当者が来談者とかかわりをもつことが重要である。

　リエゾンにより臨床心理士は来談者の抱える問題に解決の糸口を提供できると思われる。筆者は産業領域でも，医療領域を参考に産業医を中心とする産業保健スタッフとの連携は，休職から復職の支援には不可欠であると考えている。また，職制の上司，職場を管轄する人事，労働組合担当者も当該来談者を取り巻く環境要因の1つになるため，連携の対象である。

　こうしてみると来談者である従業員・職員を取り巻く関係者，たとえば職場の同僚，先輩，後輩，直属の上司，上司の上の管理職や人事担当者，健康管理室の産業医はじめ，保健師，看護師などの産業保健スタッフ，親や兄弟などの家族，地域の人たちがどのようにかかわっているかを見極めることが解決を進めていく大きな資源になるということを，産業領域のカウンセラーは認識する必要がある。

　連携を図るには，関係者をどう組み入れるかも最大の課題である。産業領域でも危機的状況にある来談者を迎えることがあるが，臨床心理士が出会う危機的状態は，予期しないなか，電話や，面接過程で起こることが実際である。危機的状況ではない場合でも円滑な来談者の適応を促進するために連携の問題は重要である。ケースによっては，病院や個人クリニックの精神科医との連携，またカウンセラーと来談者がおかれている立場によって異なるが，産業医を中心とする産業保健スタッフ，職場の直属の上司，さらに会社，企業の人事担当者，これ以外に来談者を取り巻く家族との連携である。また，労働組合関係者にはときとして，当該来談者とどう接するかをも含めたコンサルテーション（指導）が必要となる場合も生じ，リエゾン（連携）の問題は，いつでも起こ

りえることである。

　以上から，産業領域のカウンセラーである臨床心理士の独自性，中立性，独立性をしっかり受け止め，関係者との連携を保つことは，心理臨床活動を進めるにあたり大切な問題であり，事例検討会などを通じて研鑽と経験を積むことが重要である。

文献

Hansen, S. L. (1997). *Integrative life planning*. San Francisco, CA: Jossey-Bass.
森下高治他　NIP 研究会（編）(2001)．仕事とライフ・スタイルの心理学　福村出版
森下高治 (2015)．職業行動に関する研究—これまでの取り組みと今後の課題—　帝塚山大学心理学部紀要，第 4 号，1-11.
島田　修・中尾　忍・森下高治（編）CPI 研究会　(2006)．産業心理臨床入門　ナカニシヤ出版
厚生労働省（2015）．労働経済白書平成27年版
小杉正太郎・鈴木綾子・島津明人 (2006)．Work Engagement に関する心理学的ストレス研究からの検討　産業ストレス研究, *13*（4），185-189.
（財）パブリックヘルスリサーチセンター (2004)．ストレススケールガイドブック pp.250-255．実務教育出版
Schaufeli, W. B., Salanova, M., González-Romá, V., & Bakker, A. B. (2002). The measurement of engagement and burnout: A two sample confirmatory factor analytic approach. *Journal of Happiness Studies*, *3*, 71-92.
島津明人 (2007)．ユトレヒト・ワーク・エンゲイジメント尺度日本語版（UWES-J）の信頼性・妥当性の検討　産業衛生学雑誌, *49*, 696.

労働・雇用問題に関連するホームページ
　厚生労働省：http://www.mhlw.go.jp　2016/02/10
　過労死民事訴訟被災者側勝訴判例データベース：
　　http://www.sakai.zaq.ne.jp/karoushirenn/　2015/07/01
　総務省統計局：労働力調査
　　http://www.stat.go.jp/data/roudou/sokuhou/nen/dt/index.htm /　2016/02/28
　　http://www.stat.go.jp/data/roudou/sokuhou/tsuki/index.htm/　2016/02/28
　　http://www.stat.go.jp/data/roudou/longtime/03roudou.htm/　2016/02/28

第7章　ストレスに関する基礎知識

1. ストレスとは

　現代は〈ストレス社会〉といわれ，職場，家庭，学校などさまざまな場面でストレスを感じることが多くある。この章ではストレスの基本的知識と，職場のストレス理論を解説する。

[1] セリエのストレス学説

　ストレスは本来，物体に力を加えることで生じる歪みの変化という意味の物理学用語であった。生理学者セリエ（Selye, 1936）は内分泌系に関する動物実験を通して，ヒトや動物などの生体も同様に，「外部環境からの刺激によって起こる歪みに対する非特異的反応」が生じると考え，この考えから生体のストレスを説明した。

　生体の適応能力を消耗させる環境からの圧力はストレッサーと呼ばれ，4つに分類される。それらは，①物理的ストレッサー（暑さ，寒さ，騒音，大気汚染など），②生物学的ストレッサー（病原菌の侵入など），③化学的ストレッサー（酸素不足，栄養不足など），④心理・社会的ストレッサー（人間関係，仕事の量など）である。ストレスを受けている状態で，生理的・心理的変化が生じることをストレス反応，あるいはストレインとも呼ぶ。

　セリエは動物実験を通して，有機体がストレッサーを受けると，ストレッサーの内容が異なっても一定の防御的な反応を取ることを見出した。これを汎適応症候群（General Adaptation Syndrome）と名づけ，ストレスという緊急事態から適応までの一連の生体メカニズムを，警告期，抵抗期，疲はい期の3つの段階で説明した（図7-1）。

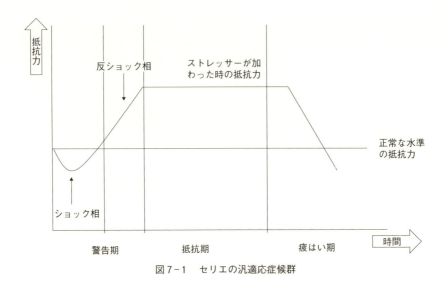

図7-1 セリエの汎適応症候群

　警告期は，ストレスに耐えるための緊急反応の時期であり，ショック相と反ショック相に分かれる。ストレッサーからショックを受けるとショック相となり，体温や血圧の低下，急性の胃腸のただれ，副腎皮質の肥大によって，一時的に抵抗力が低下する。その後，ストレッサーに対して抵抗を示す反ショック相となり，体温や血圧の上昇など身体的変化によりストレスに対抗する。さらにストレッサーが持続すると，身体がストレッサーに対して抵抗する抵抗期に入る。抵抗期は生理的機能が亢進するため，通常よりも抵抗力が高くなる。通常は抵抗期にストレッサーが消失するが，それでも長期にわたりストレッサーが持続すると，生理的反応が限界に達し，抵抗が弱体化する疲はい期の段階となる。疲はい期はショック相と同じ反応が生じ，自律神経系や免疫系の変動から血圧の上昇，胃酸分泌の増加，血糖値の上昇，胃粘膜の減少などが起こり，病気リスクが増大し，最悪の場合は死に至ることもある。たとえば，長時間労働，持病，または長期間にわたる悩みや過労など長期的にストレッサーが続く場合，免疫力や抵抗力が弱まり，慢性疲労症候群や過労死を招く恐れがある。
　さて，ストレスというと，私たちの生活に良くない影響を与えるという印象をもつが，必ずしもそうではない。適度なストレスは快のストレスとなって，

私たちにやる気をもたせ，生産性を上げるものとなる。たとえば，上司が「がんばって，期待しているよ」と声をかけた場合，やる気が出てきたならばそれは快のストレスになる。一方，何度も繰り返し過剰にこの言葉をかけ続けた結果，部下が「もう頑張るのはイヤだ」と負担に感じてしまうならば，それは不快のストレスとなる。それでは，快と不快のストレスを分けるものは何か。それは，個人のストレッサーに対する受け止め方，すなわち認知である。

［2］ストレスの認知評価モデル

ラザルスは，すべてのストレッサーがその人に影響を与えるわけではなく，そこには心理的ストレス要因や認知的メカニズムが介在していると考えた。つまり，ストレスフルかどうかの判断は個人の認知的評価に依存していると考え，同じストレッサーがかかっても，ストレスの有無や，個人によって受け止め方や程度が異なることを明らかにした。

そこでラザルスとフォークマン（Lazarus & Folkman, 1984）は，人間と環境との間の特定の相互作用が，なぜストレスフルなのか，どの程度ストレスフルであるのかを決定する評価的プロセスとして認知的評価モデルを提唱した。このモデルのプロセスでは，まず，何らかのストレッサーを感じると，その人は認知的評価を行う（図7-2）。認知的評価は一次的評価と二次的評価がある。一次的評価では自分の環境で起こった出来事が，自分と関係あるか／無関係か，関係はあっても自分にとって肯定的か／否定的か，脅威か／挑戦かを評価する。それと平行して，自分はその問題に対処可能か／否かという二次的評価を行う。この2つの評価は並行して交互になされ，影響しあう。一次的評価と二次的評価を繰り返した結果，自分にとって脅威で，対処できないと判断した場合，身体的・心理的なストレス反応が生じる。ストレス反応は，不眠，過食，胃潰瘍，高血圧など身体的反応や，怒り，不安，抑うつ，意欲低下，無気力など心理的反応があり，その後ストレスへの対処（コーピング）が行われる。ストレス対処は，情動中心の対処か，問題中心の対処かに分かれる。脅威に満ちた挑戦的な状況を自分では変化できないと評価した場合，情動的苦痛を軽減するために怒る，泣く，イライラするなど情動中心の対処が行われる。一方，状況を自分の力で変えることができると評価した場合，問題自体を巧みに処理し，解決さ

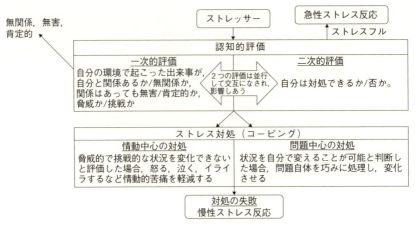

図7-2　ラザルス＆フォークマンの認知的評価モデル
（Lazarus & Folkman, 1984／邦訳, 1991より作成）

せるための問題中心の対処を行う。この認知的評価は，コミットメント，信念，価値，思考パターンなどの個人的な要因や，その人がもつ環境への予測や解釈が影響し，時間とともに評価自体も変わることもある。このように，ストレッサーがかかっても，個人のストレスの受け止め方や心理的状態などの認知的評価によって，ストレスを感じるか否かが異なるのである。

2．職場におけるストレスモデル

　組織や職場でのストレスに関する研究から，職場におけるストレス要因とストレス反応を明らかにしたモデルを紹介する。

[1] 職務ストレッサーとストレス反応の因果関係

　1970年代にマーシャルとクーパー（Cooper & Marshall, 1976）は，職務ストレッサーを要因，ストレス反応を結果とした職業ストレスの因果関係モデルを提唱した。因果関係モデル（図7-3）では，組織内のストレス要因は，職務内容，組織内の役割，キャリア発達，人間関係，組織風土が挙げられている。これらの要因から，次に個人特性である神経質，不安を抱えやすい，タイプ

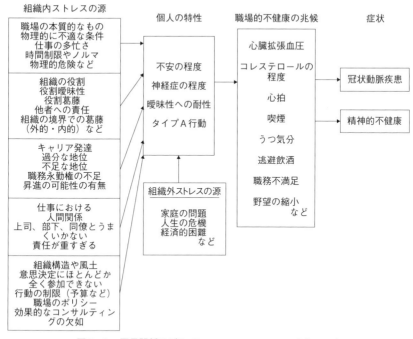

図7-3　因果関係モデル（Cooper & Marshall 1976；金井，2004）

A行動など，ストレスを抱えやすい人の行動パターンが加わる。さらに，家庭の問題や各年代で生じるライフイベントや，経済的状況が重なることで，疾病につながるような喫煙や逃避飲酒などの不健康な習慣を繰り返す，あるいは常に交感神経が働く状態となることで高血圧やコレステロール値の増大といったストレス反応を招く。そこから，冠状動脈疾患や精神的不健康などの症状が現れるというモデルである。

　モデル内の個人特性に，心臓病になりやすい性格特徴をもつタイプA行動がある。アメリカの医師フリードマンとローゼンマン（Friedman & Rosenman, 1959）は，極端ともいえる働き方，高い競争力，時間的切迫感，攻撃的な話し方や敵意，早口，断定的で精力的な話し方などの特徴をもった人々が心臓病患者に多く見られたことから，せっかちで落ち着きのない性格をAggressiveのAを取って「タイプA」と名づけ，動脈硬化，狭心症，心筋梗塞など虚血性

心疾患の発症率が高いことを明らかにした。これに対し，おっとりしていて競争を好まず，競争や野心をもたないタイプB行動があるが，タイプAはタイプBの2倍以上の心臓疾患を起こす確率が高いことが報告されている。タイプA行動は環境に適応するための特定の行動パターンであるが，他者との競争を意識して避け，穏やかな行動やゆったりした生活を意識することで，心臓病の危険性を回避する心がけが必要である。

[2] 社会的サポートによってトレスは緩和される

1980年代には，ストレッサーとストレス反応の単純な関係性だけでなく，ストレッサーに対する個人のストレス反応などの個人的要因や社会的サポートを調整要因として考慮したモデルが考えられた。特に，アメリカの国立職業安全保健研究所（National Institute for Occupational Safety and Health; NIOSH）の研究では，NIOSHの職業性ストレスモデルを提唱している（Hurrell & Mclaney, 1988）。このモデルは，職場ストレッサーが仕事以外の要因，個人的要因，緩衝要因によって調整・緩和され，急性ストレス反応に影響するという。この急性ストレス反応が持続，慢性化した場合，疾病や退職につながる。NIOSHは，

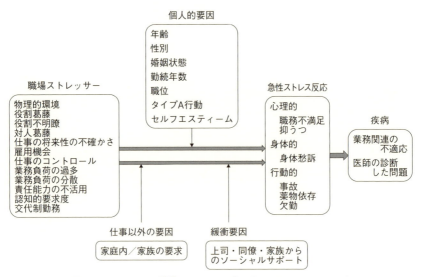

図7-4　NIOSHの職業ストレスモデル（Hurrell & Mclaney, 1988）

上司や同僚，家族からの社会的サポートがあることで，職場でのストレスが多くてもストレス反応が生じにくいという観点が特徴的で，特定の職種だけでなく一般的職業にも対応できる包括的なモデルとされている（図7-4）。

[3] 個人と職業環境との適合性によるストレス要因

個人－環境適合モデル（Person-Environment Fit Model: P-E Fit Model）では，個人のもつ属性（能力や価値観など）と仕事環境（職業，組織，職務など）の不適合によってストレスが生じるというモデルである（French et al., 1974）。このモデルでは，主観的な個人と環境，そして客観的な個人と環境があると考える。ここから，①客観的個人と客観的環境，②客観的個人と主観的環境，③主観的個人と客観的環境，④主観的個人と主観的環境の4つの組み合わせの適合性を検討できる。はじめは4つの適合性が高いほど精神的健康であると考えられていたが，後に主観的個人と主観的環境のみが重視されるようになった。すなわち，働いている本人の能力や欲求と，自分から見た職場環境が適合していれば精神的健康が保たれるということである。これが満たされないと，職務が要求する仕事の質や量が個人の職務遂行能力を上回る場合，個人にはその職務要求が過剰要求となってストレス要因になり，ストレス反応に結びつく。これに対し，職務が要求する仕事の質や量が個人の職務遂行能力を下回る場合，自分の能力が十分に活かされないことがストレス要因となり，ストレス反応を引き起こす。このように，個人の能力と職務の要求度の一致がストレス反応を抑制する要因になるのである。

3．一般的なストレス反応と疾患

ストレスを受けている状態で，健康に有害な影響を与える生理的，心理的変化をストレス反応（ストレイン）と呼ぶ。ストレス反応は，身体的，心理的，行動的側面の3つの側面があるが，はじめに行動面が出やすく，次に身体や心理的反応が出やすいとされている（表7-1）。一般的なストレス反応は誰にでも起こりうることであり，ストレッサーが消失するとストレス反応も消失する。また，ストレス反応の心理的要因の研究では，家族の死，離婚，経済的破綻，

表7-1 さまざまなストレス反応と一般的な症状

身体的反応	頭痛，腹痛，胃痛，腰痛，肩こり，動悸，吐き気，息苦しさ，のどが詰まる感じ，めまい，下痢，便秘，生理不順，不眠，疲労感など
心理的反応	無気力，抑うつ，怒り，集中力や思考力の低下，不機嫌，憂うつ感，イライラ感，無力感，仕事や勉学への意欲の低下など
行動的反応	どなる，乱暴するなどの攻撃行動，ひきこもりや遁走など自己を守ろうとする行動，過食，飲酒やたばこが増える，過眠，ギャンブルや買い物への依存などの逃避行動，多動，多弁などがある。 職場では，遅刻や欠勤が増える，判断力の低下，ミスや事故の増加など

重病などめったに起きない人生の重大な出来事よりも，日常的に経験する些細な出来事や争い事の集積のほうが健康への影響が大きいことが示されている（Kanner et al., 1981）。生活や仕事の悩みの積み重なりや重大なストレッサーによって以下のような症状がある場合，早めに医療機関で相談するほうがよい。

[1] 原因がよくわからないけど，身体的症状がある

心理的なストレスが身体に影響を与えるのは，脳が自律神経系や内分泌系を通して身体の各器官の活動に影響を与えるためである。心理的なストレッサーによって身体的症状が現れるものを心身症という。表7-1の症状に加え，喘息や過換気症候群など呼吸器系，胃潰瘍や過敏性大腸炎などの消化器系，甲状腺機能障害や肥満などの内分泌系，湿疹やアレルギー，円形脱毛症などの皮膚系疾患，めまいや耳鳴り，失声，乗り物酔いといった耳鼻咽喉科系疾患など身体症状は多岐にわたる。

また，はっきりした身体的病気がないのに，精神的影響で身体的な自律神経症状（頭痛，全身倦怠感，動悸，不安など）があるものを自律神経失調症という。自律神経系は，活動時には交感神経が働き，リラックス時には副交感神経が働くので，常にどちらかの状態が働く拮抗状態となっている。しかしながら，夜更かしや夜間勤務など生活リズムの乱れや，長時間労働など過度のストレスにさらされ続けると，交感神経と副交感神経のバランスが乱れることで自律神経失調症を招く恐れもある。心身症や自律神経失調症は症状が出ても，本人に自覚がなく，頑張り続けてしまうことが多い。さらに無理を続けて症状を放っ

ておくと，さらなる疾病を引き起こすこともあるので，早めに病院で相談することが必要である。

［2］明らかな原因があり，専門的な医療機関で相談したほうがよい

　明らかなストレッサーが存在するが，自分だけでは対処することが難しいストレス反応もある。日常生活において人間関係のトラブルや失恋，仕事内容の負担など，はっきり特定できるストレッサーに反応して情動面や行動面の症状が出現し，そのストレッサーがなくなると症状が消失するものを適応障害という。

　また，ストレッサーは短期的だが，その人に大きな影響を与えるものもある。たとえば，心的外傷（trauma）は，危うく死ぬか重傷を負うような出来事，自分の身体の安全が確保できないような危険を体験し，目撃し，直面することと定義される（American Psychiatric Association, 2013）。心に深い傷を負うような出来事として，戦争，テロ，個人的な暴行（性的暴行，身体的攻撃，略奪，強盗），自然災害または人災，激しい自動車事故，致命的な病気と診断されることなどを外傷的出来事という。外傷的出来事に対する反応は，強い恐怖，無力感，戦慄であり，その後，麻痺，孤立，感情反応がないという主観的感覚，現実感喪失，離人症，解離性健忘の症状が生じ，身体的には頻脈，発汗などパニック発作同様の自律神経兆候を伴う（沼，2014）。これらの兆候は変動が激しく，ストレッサーや出来事の衝撃から数分以内に出現し，ストレス環境から撤退できれば症状は消失する。しかし，繰り返しそのときの体験を思い出す，あるいは時間をおいて再現する体験の記憶であるフラッシュバックが生じる，または過度の緊張が続いて過覚醒状態となる症状が1か月以上持続する場合，心的外傷後ストレス障害（Posttraumatic Stress Disorder: PTSD）と診断されることもある。このように，ストレッサーは短期的であるが危険な出来事の経験によってストレス反応が続く場合，医療機関の受診やカウンセリングなど精神的な専門治療が必要である。

4．おわりに

　日常生活や職場では大なり小なりストレスを感じるが，すべてがストレス反応になるとは限らない。または，ストレス耐性が強く，我慢しすぎる人や，空騒ぎや飲酒など楽しいことで気を紛らわせて，自分のストレスに向き合わない人もいる。このため，不快症状に対して我慢する，あるいは仕事の疲れと考え，身体的，心理的サインを見逃してしまうことがある。ストレス反応は何らかの警告であり，これを自覚し，対処することで身体的・精神的な疾病を防ぐことができる。ストレスを感じているかもしれないと思ったら，自分に合ったストレスマネジメントを行って，ストレスとうまくつきあっていくことが大切である。そして，自分では対処することが難しいと感じたら，早めに医療機関を受診し，適切なアドバイスを受けることも大切である。

参考・引用文献

American Psychiatric Association. (2013). *Diagnostic and statistical manual of mental disorders. Fifth Edition: DSM-5*. Washington, D.C. : American Psychiatric Association.

Cooper, C. L., & Marshall, J. (1976). Occupational sources of stress: A review of the literature relating to coronary heart disease and mental ill health. *Journal of Occupational Psychology, 49*, 11-28.（金井篤子（2004）．職場のストレスサポート　外島裕・田中堅一郎（編）増強改訂版　産業・組織エッセンシャルズ（pp.159-186.）ナカニシヤ出版に引用）

French, J. R. P., Jr., Rodgers, W. L., & Cobb, S. (1974). Adjustment as person-environment fit. In G. Coelho, D. Hamburg, & J. Adams (Eds.), *Coping and adaptation.* (pp. 316-333.) New York: Basic Books.

Friedman, M., Rosenman, R. (1959). Association of specific overt behavior pattern with blood and cardiovascular findings. *Journal of the American Medical Association, 169*, 1286-1296.

Hurrell, J. J., & McLaney, M. A. (1988). Exposure to job stress: A new psychometric instrument. *Scandinavian Journal of Work Environment and Health, 14*, 27-28.

Kanner, A. D., Coyne, J. C., Schaefer, C., & Lazarus, R. S. (1981). Comparison of two modes of stress measurement: Daily hassles and uplifts versus major life events.

Journal of Behavioral Medicine, 4, 1-39.

Lazarus, R. S., & Folkman, S. (1984). *Stress, appraisal and coping*. New York: Springer.
（本明　寛・春木　豊・織田正美（監訳）(1991)．ストレスの心理学——認知的評価と対処の研究——　実務教育出版）

沼　初枝（2014）．心理のための精神医学概論　ナカニシヤ出版

Selye, H.（1936）. A syndrome by diverse nocuous agents. *Nature, 138*, 32.

第 8 章　職場で発生する心の問題

1．メンタルヘルスを取り巻く現状

　近年，勤労者のメンタルヘルス対策は喫緊の課題であり，自殺の要因として重要とされるうつ病対策は，その中核となっている。そのなかで，2015（平成27）年12月から，労働者が常時50名以上の全事業所（法人・個人）においてストレスチェックの実施が義務づけられるようになった。実際，職場のメンタルヘルスケアの業務にかかわる職場の担当者は，さまざまなメンタルヘルスの問題を抱えた従業員に出会い，そのかかわり方に苦慮している。

　厚生労働省の患者調査によると1996年には43.3万人であった「うつ病・躁うつ病総患者数」は，1999年には44.1万人とほぼ横ばいであったが，その後，2008年には104.1万人と9年間で2.4倍に増加している（図8-1）。また，最近では，いわゆる従来型のうつ病とは異なる"新型うつ"がマスコミに取り上げられ，また，慢性化するうつ病のなかに"双極性障害"が含まれているとの指

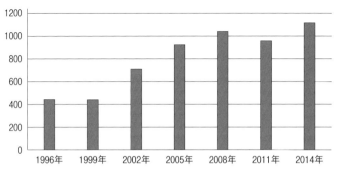

図8-1　うつ病・躁うつ病の総患者数（単位：千人）
（厚生労働省，2015「患者調査」より作成）

摘もあり，産業現場においてもうつ病の捉え方について混乱が生じている。

今回，職場で見られるうつ病のなかで，「新型うつ」「従来型うつ」「双極性Ⅱ型障害」を取り上げ，それぞれの特徴や具体的な事例を提示してみたい。

なお，それぞれの事例については，プライバシーへの配慮の必要のため，多くの事例をまとめたものを1つの典型例として紹介する。

2．職場で見られるうつ病

[1] いわゆる「新型うつ」と「従来型うつ」

参考までに，精神科臨床でよく用いられている「大うつ病性障害（major depressive disorder）」の診断基準（アメリカ精神医学会APAが作成した『精神障害の診断と統計マニュアル』第5版：Diagnostic and Statistical of Mental Disorders：DSM-5）の概略を表8-1に示した。

ここで取り上げる「新型うつ」と「従来型うつ」は，研究や実証の裏づけのある精神医学的な専門用語ではなく，世間一般に使用されている用語であるということを前提に述べる。

1）「新型うつ」と「従来型うつ」の特徴　「新型うつ」について，表8-2に日本うつ病学会がまとめた，いわゆる「新型うつ」の特徴を示した。

これまで，うつ病と関連のある性格特徴として，テレンバッハ（Tellenbach, 1961）が提唱した「メランコリー親和型性格」（几帳面，良心的，責任感が強く，周りへの配慮を重視し，高い要求水準をもつなどの性格傾向）や下田（1941）の「執着気質」（仕事熱心で凝り性，徹底性，正直，几帳面，強い正義感や義務責任感をもつなどの性格傾向）が病前性格として知られている。

2）「新型うつ」の事例

事例の概要

20歳代男性　事務員

本人の話によると，自己中心的で何事も親に任せて育ち，自分で決めることはなく，高校時代には精神的な疲労から帰宅途中で吐くこともあったが，先生や友人も優しく，学校時代は楽しく過ごせたということであった。

表 8-1　DSM-5 による「大うつ病性障害（major depressive disorder）」診断基準の概略

A. 次の症状のうち 5 つ（またはそれ以上）が，2 週間続いている。これらの症状のうち少なくとも，抑うつ気分，または，興味または喜びの喪失の症状を含み，明らかに身体疾患によるものは含まない。
1. ほとんど毎日，ほとんど 1 日中の抑うつ気分。
2. ほとんど毎日，ほとんど 1 日中，すべて，あるいは，ほとんどすべての活動における興味，喜びが減退。
3. 著しい体重減少，あるいは体重増加（例：1 か月に 5 ％以上の体重変化）。
4. ほとんど毎日の不眠または睡眠過多。
5. ほとんど毎日の焦燥または制止。
6. ほとんど毎日の易疲労性，または気力の減退。
7. ほとんど毎日，無価値感，または過剰あるいは不適切な罪責感が存在。
8. ほとんど毎日，思考力や集中力の減退，または決断困難が存在。
9. 希死念慮，自殺企図

B. 著しい苦痛，または社会的，職業的な機能障害を引き起こしている。

C. 物質（乱用薬物，治療薬）や他の医学的状態による精神的な影響が原因ではないもの。

（重要な喪失（例：不幸，経済的破綻，天災による損害，重篤な疾患や障害など）に対する反応として，同様の症状が起こることがあるが，それらの症状は了解できる，あるいは妥当であることもあるので，重大な喪失に対する通常の反応に加えて大うつ病が存在することについては，慎重に検討すべきである）

D. その他の精神疾患（統合失調症や他の精神病性障害など）によるものではない。

E. 躁病／軽躁病様のエピソードが存在したことがない（薬物や身体疾患によるものを除いて）。

（APA, 2013／邦訳, 2014. DSM-5 精神科診断統計マニュアルより）

事例の経過

　高校卒業後就職。親元から離れて寮生活をしていたが，特に問題なく出勤していた。3 年目に上司が代わり，その上司から仕事のミスを指摘されたときに恐怖感や吐き気を感じ，その後，上司に挨拶もしなくなった。上司が本人の態度について強く注意したところ，それ以降，上司や同僚とほとんど話をしなくなり，会社を無断欠勤するようになった。同僚が連絡を取ると「上司のやり方に問題があり，自分は悪くない」と言い，上司と話すのが億劫で眠れず，朝起きて出勤するのが辛いと話したため，同僚の勧めで心療内科を受診し「うつ状態のため 1 か月の療養が必要」と言われて抗うつ薬を処方され，休職した。

表8-2　日本うつ病学会による「新型うつ」の特徴

1. 若年者に多く，全体に軽症で，訴える症状は軽症のうつ病と判断が難しい。
2. 仕事では抑うつ的になる，あるいは仕事を回避する傾向がある。ところが余暇は楽しく過ごせる。
3. 仕事や学業上の困難をきっかけに発症する。
4. 患者さんの病前性格として，"成熟度が低く，規範や秩序あるいは他者への配慮に乏しい"などが指摘される。

（日本うつ病学会ホームページ www.secretariat.ne.jp/jsmd/qa）

　療養中は実家に戻って療養し，会社との連絡は本人が話しやすい同僚が対応した。薬は飲んだり飲まなかったりしていたが，休職中は趣味を楽しみ症状も軽快していた。しかし，復帰後は，集中力が途切れたり，何となく乗り気がしないと訴えたため，上司の勧めでカウンセリング受けることになった。そこで，自分自身をふりかえるうちに「学校時代も良い先生がいたから何とかやっていけた。今も職場の人たちが良い人たちなので自分のことをよくわかってくれている。実家に帰っても仕事があるわけでもないし，今は会社を辞めて実家に帰りたいという気持ちはない」と語り，以後，休まず出勤している。

3）「従来型うつ」の事例
事例の概要
40歳代男性　公務員
　もともと生真面目で責任感が強く，気を遣う性格であった。家族は妻と子どもの3人。
事例の経過
　大学卒業後就職し，仕事をコツコツと真面目にこなし，仕事熱心で責任感の強い仕事ぶりは，周囲や上司からも信頼が厚かった。あるとき，期待されて昇進したが，慣れない仕事で相手との交渉がうまくいかず，次第に不安感や焦りが強まり，休日も仕事のことが頭から離れず眠れない日が続き，通勤途中で動悸やめまいが起こったため2，3日仕事を休んだ。その後，出勤したものの自信もなくなったと言い，上司に今の仕事から外してほしいと願い出たため，上司や妻の勧めで精神科クリニックを受診した。

そこで「うつ病のため2か月の療養が必要」との診断を受け，抗うつ薬を処方された。本人は休むことを渋ったが，妻や上司から強く説得され休職。休職当初は，会社のことが気になり，将来の不安もあったが，主治医から「今のあなたの仕事は，復職するためにゆっくり休養することです」と言われ，休職中はのんびりと過ごすようになった。復帰後は，もとの業務から外れて仕事をし，外来通院しながら休むことなく勤務し，発症から1年後，通院も終結した。

[2]「双極性Ⅱ型障害」

1)「双極性障害（bipolar disorder）」　躁うつ病については，すでに古代ギリシャのヒポクラテスがメランコリーとマニーについて著わしている。その後，概念は乱立したが，クレペリン（Kraepelin, 1889）は，うつ状態や躁状態などいろいろな気分の障害を含めて「躁うつ病（manisch-depressive Irresein）」と名づけた。その後，1980年に出版されたDSM-Ⅲは，クレペリンにおおむね沿った考えで，以降の操作的診断基準では，単極性のうつ病と双極性を1つにまとめ，「感情障害（affective disorder）［DSM-Ⅲ］」「気分障害（mood disorder）［DSM-Ⅳ-R］」などと総称されてきた。そして，最近のトピックとして2013年に公表されたDSM-5では，「抑うつ障害・うつ病性障害（depressive disorders）」と「双極性及び関連障害（bipolar and related disorders）」を異なる障害と分類するようになった。

うつ病の背景にはこのような変遷があり，今後も検証によって変更される可能性のあることを知っておきたい。

2)躁病エピソード（manic episode）　「双極性障害」の診断の際に用いられる躁病エピソード（DSM-5）では，"一定の期間の異常であり持続的に高揚した，誇張した，または易怒的気分""多幸感，自信，誇大的，イライラ感などをもつ""際限のないエネルギーがあるように見え，ほとんど眠らず忙しい""貧困な判断力，過剰な快楽追及，注意散漫などがみられる"が挙げられている。

3)「双極性Ⅰ型障害（bipolar Ⅰ disorder）」と「双極性Ⅱ型障害（bipolar Ⅱ disorder）」　「双極性障害」のなかの主な疾患として「双極性Ⅰ型障害」

と「双極性Ⅱ型障害」が挙げられる。大まかにいえば「双極性Ⅰ型障害」は，躁状態がはっきりしていて重症であるのに対し，一方，「双極性Ⅱ型障害」は，躁状態の程度が軽く，軽躁状態にとどまる状態を指す。「双極性Ⅱ型障害」では，躁状態が軽いため異常とは認められにくく，「うつ病性障害」として治療され続けることも多い。そのため重症化したり，難治化することがある。また，「双極性障害」は，「うつ病性障害」に比べ自殺率が高かったり，アルコール依存を起こしやすいといわれている。

4）「双極性Ⅱ型障害」の事例

事例の概要

30歳代男性　銀行員

　もともと明るく，何事にも熱中しやすい性格傾向があり，学生時代は勉強と体育会系のクラブに熱心であった。家族は妻との2人暮らし。

事例の経過

　大学卒業後入社し，仕事に積極的に取り組み，周囲からも仕事熱心さを認められていた。念願の昇進の話が出たころから，息苦しさ，めまい，あちこちの体の痛みなどを訴えて受診。内科・耳鼻科などでは異常がみられず，心療内科を紹介された。そこで「仮面うつ」と言われたが，本人は認めることができずそのまま放置していた。その後，本人の希望で昇進は保留になったものの症状は改善されず，自ら精神科クリニックを受診し「うつ病」と診断され，抗うつ薬を処方された。服薬後，暫くは症状も良くなり通院しながら勤務を続けていたが，徐々に気分の落ち込みが悪化して出勤できなくなり，主治医の判断で2か月間休職することになった。

　休職中も症状が悪化したため入院とカウンセリングの行える精神科を紹介され受診することになるが，予約待ちの間に症状が改善され，外来通院のみになった。職場復帰後は，何とか出勤するものの，気分の落ち込みや億劫感があり，体力的にもしんどいとのことで，上司から勧められてカウンセリングを受けることになった。カウンセリングでは，生育史の問題や，夫婦関係は悪化し，職場においても人間関係がギクシャクしていることが語られ，また，アルコールに依存する傾向もみられた。認知行動療法を実施し，併せて別に自ら作成した気分の波の変化をグラフに記録したものを

ふりかえりながら，抑うつ感，焦燥感，息苦しさ，動機，倦怠感，不眠などの訴えは改善されつつあったが，時折，激しい怒りを表し，人間関係がうまくいかないという状況は続いていた。その後，昇進。勤務時間の都合もあり，以前，通っていた精神科クリニックを再受診することになって，主治医に気分の変化を記録したグラフを見せたところ，「双極性Ⅱ型障害」と診断が変更され，処方も変更されることになった。約2か月間掛けて抗うつ薬から気分安定薬への薬の変更が行われた。以後，治療を継続しながら勤務し，職場の対人関係や夫婦間の問題も改善され，初診時から3年経過後，状態は安定している。

「双極性Ⅱ型障害」に注目されるようになったのは最近のことだが，今回の事例のように職場で見られるうつ病の困難事例のなかには「双極性Ⅱ型障害」のような病態であるケースが見逃されていることがある。また，診断の変更に伴って，薬物療法が見直されることで症状の改善が得られる場合もある。

3．まとめ

精神科医療でしばしば用いられる DSM-5 や，世界保健機関（WHO）によって公表されている ICD-10（International Classification of Disease 10th ed.）などの診断基準は，病気の原因をもとに作成されたものではなく，比較的客観的にみた症状や経過などをもとにした，操作的な診断基準である。臨床においては，個々の患者の病状にかかわる生物学的な，あるいは，心理社会的な問題全体を見渡しながら，個々の病態についての仮説を組み立てて治療を行っていかなくてはならない。それは，治療にかかわる者すべてに必要なことであるが，精神科の外来には多くの場合，一度に多数の患者が訪れるので，短時間の薬物療法を中心とした治療になっていることが多い。これに対して，心理職や職場の産業保健スタッフなどは，一人ひとり丁寧に話を聴くことができる。これが強みであり，本人の状況や背景をよく理解したうえで，それをもとに何かできるかを考えることが可能になる。

この章で述べたような事例から学ぶことは，きっかけとなった出来事の詳細な把握，本人の性格傾向，生活の実情や生活史，職場の労働環境や対人関係な

ど，さらには，現代社会の経済的・文化的な背景も考え合わせていくことの必要性であろう。

引用文献

American Psychiatric Association (2013). *Diagnostic and statistical manual of mental disorders, 5 th edition, DSM-5*. Washington, D.C.: American Psychiatric Association.（日本精神神経学会（監修）髙橋三郎・大野　裕・染矢俊幸・神庭重信・尾崎紀夫・三村　將・村井俊哉（訳）(2014)．精神疾患の診断・統計マニュアル第5版　医学書院）

加藤正明（編）(2003)．新版精神医学事典　弘文堂

加藤忠史 (2014)．うつ病治療の基礎知識　筑摩書房

加藤忠史 (2015)．双極性障害—躁うつ病への対処と治療　筑摩書房

厚生労働省 (2015)．患者調査<http://www.mhlw.go.jp/toukei/list/10-20.html>

Kraepelin, E. (1889). Psychiatrie: Ein kurzes Lehrbuch für Studierende und Arzte (3. Aufl.). Lepzig: Abel.

Nassir Ghaemi, S. (2008). *Mood disorders: A practical guide* (2nd ed.). Philadelphia, PE: Wolters Kluwer.（松崎朝樹（監訳）(2013)．気分障害ハンドブック　メディカル・サイエンス・インターナショナル）

日本うつ病学会ホームページ<www.secretariat.ne.jp/jsmd/qa>

下田光造 (1941)．躁うつ病の病前性格について　精神神経学雑誌, *45*, 101-103.

Tellenbach, H. (1961). *Melancholie: Problemgeschichte, Endogenität, Typologie, Pathogenese, Klinik*. Berlin: Springer.（木村　敏（訳）(1978)．メランコリー　みすず書房）

第9章　過労死と労災

1．過労死とは

　過労死という言葉は1970年代から使われはじめ，全国ネットワークの電話相談である過労死110番が1988年に開始されたことや90年代から2000年代に過労死にかかわる訴訟が比較的大きく報道されたことなどが契機となり広く使われるようになった。2002年にはKaroshiが英語辞典に載り，社会問題の1つとして国際的にも知られるようになった。そして2014年には過労死という言葉が法律の名称としてはじめて書きこまれた過労死等防止対策推進法が成立し，これにより主に国や地方公共団体に対して啓発事業や相談体制の整備などが求められるようになった。また，労働安全衛生法が改正されて2015年からは労働者が50人以上いる事業所ではストレスチェックが義務化された。

　このように過労死は現代社会と深くかかわる言葉であるが，医学や法律としての明確な定義は確立されていない。一般には厚生労働省の区分にならい，過重な仕事が原因で発症した脳血管疾患および心臓疾患（以下，脳・心臓疾患）による死亡や，仕事による強いストレスなどが原因で発病した精神障害から生じる自殺を指すことが多い。過労死の労働災害（以下，労災）補償の状況について2003（平成15）年度から2014（平成26）年度にかけた支給決定件数を見ると，いわゆる過労死，すなわち脳・心臓疾患を原因とする死亡と精神障害を原因とする自殺（未遂を含む）の合計は毎年200件前後あり，全支給決定件数は400件程度から直近の3年間は700-800件程度に漸増している（図9-1）。支給決定件数の内訳では精神障害（自殺，未遂を含む）と精神障害（自殺でない）の件数の増加が目立つが，その背景には精神障害に関する請求件数の伸びがある。過去には，精神障害と自殺との間に当人の故意が介在するとして精神障害

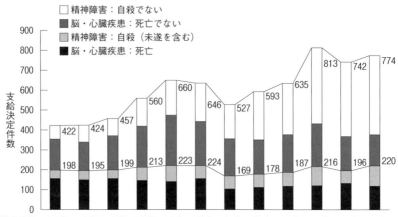

図 9-1 労災補償の支給決定件数と請求件数
(厚生労働省,2004,2010a,b,2015a,b)

による自殺が労災補償の対象になるか否かが議論された。しかし,自殺者の80-100％に精神障害が見られたというWHO（2000）の報告に代表されるように,自殺という行動をとる場合の多くに精神障害が存在しているという知見が主流になり,現在は精神障害による自殺は労災補償対象として扱われている。また自殺でない精神障害も労災補償の対象になりうる。このように精神障害が労災補償の対象になることが徐々に知られるようになり,2014（平成26）年度の精神障害に関する労災補償請求件数は1,456件で過去最多を示すなど請求数が増えている。

2．仕事にかかわるストレッサー

　精神障害の病因はさまざまに考えられるが,過労およびそれに伴うストレスは大きな病因の1つである。2014（平成26）年度の精神障害における出来事別にみた労災補償の支給決定件数では,「仕事の量・質」が支給決定件数およびうち自殺との両方で最も件数が多い（表9-1）。また,夏目・村田（1998）が

表9-1 2014（平成26）年度の精神障害における出来事別にみた労災補償の支給決定件数 (厚生労働省, 2015b)

出来事の類型	支給決定件数	うち自殺（未遂を含む）
仕事の量・質	120	34
事故や災害の体験	115	5
対人関係	92	8
特別な出来事※	61	19
仕事の失敗，過重な責任の発生等	54	25
役割・地位の変化等	28	8
セクシャルハラスメント	27	0
その他	0	0

※心理的負荷が極度のもの等

表9-2 労働者のストレス点数
(夏目・村田, 1998を改変)

順位	ストレッサー	平均
1	配偶者の死	83
2	会社の倒産	74
3	親族の死	73
4	離婚	72
5	夫婦の別居	67
6	会社を変わる	64
7	自分の病気や怪我	62
8	多忙による心身の過労	62
9	300万円以上の借金	61
10	仕事上のミス	61

網掛けは仕事に関わるストレッサー

労働者のストレス度に関する調査を行っている。結婚に対するストレス度を50点としてそれを基準に生活上の出来事に伴うストレスを100点満点で点数を付けるように回答を求めた結果，8位に「多忙による心身の過労」が挙がっている（表9-2）。このことからも過労が労働者にとって大きなストレッサー（心身の適応能力に課される要求，ストレス源）であることが示唆される。厚生労

働省(2015b)は1つの案件に対して1つの出来事を割り当てて集計しているが，実際には「仕事の量・質」に加えて「事故や災害の体験」や「対人関係」といった複数の出来事が重なるケースもあるだろう。「役割曖昧性(周りの人が自分に何を期待しているかわからないなど)」や「役割葛藤(自分の仕事を人によって認めてもらえたりもらえなかったりするなど)」といった仕事にかかわるストレッサーも指摘されており(たとえば，金井・若原，1998)，こうしたストレッサーは過労時には通常時以上の負担になって労働者に圧しかかかる。

3．精神障害で起こる認知の歪み

[1] うつ病で起こること

　精神障害では，情緒，知覚，思考，判断などの精神の諸要素が障害される。精神障害のうちで医療機関を受診して精神疾患と診断されたその内訳はうつ病が最も多く(厚生労働省，2014)，自殺の原因が推測される精神疾患はうつ病が最多という見方もあることから(瀧澤，2012)，ここではまずうつ病を取り上げたい。うつ病は，国際疾病分類(ICD-10)では気分障害に含まれる(ICD-10については厚生労働省(2015c)が参考になる)。気分障害の病理の中心は気分，すなわち持続的で内面的な情緒状態にある。抑うつ気分が基本症状であり，気力に欠け，憂うつでおもしろくなく，物事が生き生きと感じられなくなる。不安や焦燥，苦悶感を強く感じる場合もある。これらが通常の範囲を超えて自分で制御できないと感じることも特徴である。うつ病は真面目で仕事熱心な性格であると罹患しやすく，このことは粘着気質やメランコリー親和型性格として以前から指摘されている。

　うつ病では見当識(日時や場所など自分が現在おかれている環境の把握)はおおむね正常に保たれるが，自分に非があって社会や家族に迷惑をかけていると思いこむ罪業妄想や，実際には経済的に問題はないのに困窮してしまうと考える貧困妄想などの妄想が伴うなど認知機能に障害がみられる。そして，「自分はだめな人間だ」「自分は仕事をうまくこなせず周囲に迷惑をかけている」「自分は家族に心配ばかりかけている」といった考えや，「病気になったことが

図9-2　ベックのうつ病の認知モデル
（Abramson, Alloy & Metalsky, 1988を改変）

わかると仕事をクビになる」「今の仕事を辞めると次の仕事は見つからない」といった心配が，他者から見る以上に深刻なものとしてつきまとい頭から離れなくなる。暗い気持ちや焦燥感，悲観的な考え，本人からは絶望的に見える状況から自分を楽にするには「死」以外にはないという一足飛びの考え，あるいは休息を切望する気持ちなどから希死念慮（死にたくなるような気持ち）や自殺念慮（自殺を切望する気持ち）がもたれ，時として自殺に至ってしまう。周囲は「思い詰めて自殺を選ぶくらいなら仕事や会社を辞めればいい」と思うかもしれないが，精神障害を伴うとそうした思考をもてない場合が往々にして生じるのである。

　うつ病に関して無意識ではなく意識される領域，特に認知に先駆的に着目したベックら（Beck et al., 1979）は，ネガティブな出来事から抑うつ気分に至る経緯をうつ病の認知モデルとして提唱した（図9-2）。「抑うつスキーマ」は本人がもっている信条体系，「認知の歪み（認知的誤り，推論の誤りなどと表現されることもあるが同義）」は抑うつ的な人に独特の物事の認知の仕方（詳しくは表9-3参照），「自動思考」は自分の意思とは関係なく意識に上がってくるネガティブに歪んだ考えである。過労などのネガティブな出来事があり，「仕事で失敗したら人としても失敗者だ」といったそのネガティブな出来事に弱い抑うつスキーマをもっていると，物事を歪めて捉えやすい（認知の歪み）。その際には，周りの人との関係に対する否定的な考えや未来への悲観的な考えが勝手に意識に上ってきて（自動思考），そして抑うつ気分に至ってしまうのである。なお，認知の歪みの歪曲の程度はうつ病が重くなるにつれて強まり，次第にその歪曲は固着するようになる。また，うつ病では身体にも疲れやすさ，便秘，頭痛，免疫機能の低下などの多彩な身体症状，早朝覚醒や入眠困難などの睡眠障害や，食欲低下や過食といった食行動の変化が出現する。「なぜ体調

表9-3 認知の歪み
(Beck, Rush, Shaw & Emery, 1979／邦訳, 1992を改変)

認知の歪み		例
自分勝手な推測	結論を支持するような証拠がないとき、あるいは証拠が結論とは逆のときに特定の結論を引き出す	人から何かを言われたわけでもないあるいは仕事を褒められたのに、自分の仕事の出来は悪いと考えるなど
選択的な抽象化	文脈から引き出された些細な事柄に焦点を合わせる、状況に含まれる他のより重要な特徴を無視する、経験全体を断片に基づいて概念化する	良い評価の中に1点悪いコメントがあるとそれを重視して自分の評価は低いと思うなど
過度の一般化	2, 3の孤立した事例に基づいて一般的なルールや結論を出したり、関連したあるいは関連しない状況へとその概念を適用する	1件の契約が失敗したら、「他の契約も絶対にうまくいかない」と思うなど
誇張と矮小化	歪みを構成するには大雑把すぎるような出来事の意味や強さを評価するときに誇張や矮小化する	昔の仕事の失敗を拡大解釈して、「自分の仕事はまったくうまくいっていない」と自分の業績を過小評価するなど
個人化	何の裏付けもないときに、外的な出来事を自分自身に関連づける	離職した同僚に対し、「自分がもっとうまく励ませれば離職することはなかったはずだ」と思うなど
絶対的, 二者択一的思考	完璧か欠点があるかといった2つの相反するカテゴリーのどちらか1つにすべての経験をおこうとする	「この仕事でミスをしたら私は死ぬしかない」と思うなど

管理すらできないのか」などとそのことを反すう（自己の抑うつ症状やその状態に陥った原因・結果について消極的に考え続けること）し、心身の不調が悪循環することが多い。この反すうも抑うつ気分と関連が強い思考様式である。

このようにうつ病において認知は注目すべき要素の1つである。そのため、うつ病治療には認知の仕方を変容させる支援が含まれる。このことを精神科医であり自身がうつ病にかかった経験をもつ泉（2008）は「精神科で『治る』というのは『元に戻る』のではなく、『負担の少ない新しい生き方』を主治医も家族も一緒になって探していくものであり、治療の過程では今までよりも肩の力をぬいて仕事や柔軟な思考ができるように少しずつ促す（一部改変)」と表現している。

［2］バーンアウト（燃え尽き症候群）で起こること

　精神障害の請求件数の多い業種は1位が社会保険・社会福祉・介護事業，2位が医療業であるが（厚生労働省，2015b），こうした人と接する機会が多い対人援助職で最もよく問題視される症状の1つにバーンアウトがある。バーンアウトとは長期間にわたり人を援助する過程で心的エネルギーが絶えず過度に要求された結果，極度の心身の疲労と感情の枯渇を主とする症状のことである。バーンアウトも仕事熱心で真面目な性格であると罹りやすい。ICD-10では生活管理困難に関連する問題にある「燃えつき（状態）」が近い概念の1つといえる。バーンアウトという用語は心理学領域で用いられはじめた経緯があり，精神疾患として定義されているものではないために明確な診断基準はないが，卑下や仕事嫌悪，思いやりの喪失などの精障害的症状が伴う。バーンアウトは「情緒的消耗感（心身ともに疲れ果てたという感覚）」「脱人格化（人を人と思わなくなる気持ち）」「個人的達成感の低下（仕事へのやりがいの減少）」の3つの要素から捉えられる。「過労」は「情緒的消耗感」を招く。そして「情緒的消耗感」を強く感じている状態は，「脱人格化」や「個人的達成感の低下」につながりやすい（図9-3）。また，高いバーンアウト状態（情緒的消耗感や脱人格化が強く，個人的達成感が低下している状態）にあると「なぜ私はいつもうまくいかないのだろう」といった誇張や「もはや良いと感じられるものは

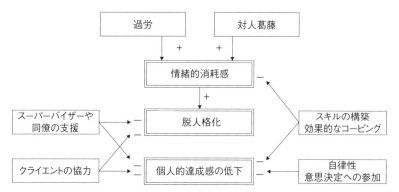

　バーンアウトは二重線枠の3つの要素から捉えられる
　スーパーバイザー：管理や監督を行う上位者，コーピング：ストレスを対処すること

図9-3　バーンアウトのプロセスモデル（Leiter, 1993を改変）

何もない」といった絶対的,二者択一的思考を強くもつなど（岡田，1998）,バーンアウトにも認知の歪みが関与することが指摘されている。

4．過労と労災のリスク

　うつ病をはじめとした慢性の健康障害を抱えていると，きつい仕事はできない，仕事の目標達成に焦点を当てられないというように仕事の遂行に悪影響が出る（Collins et al., 2005）。金子・濃沼・伊藤（2008）は過労などのストレッサーはストレス反応を経てエラー・ミスにつながるとし（図9-4），心理的ストレスが高い場合は低い場合と比較してエラー・ミスが約4倍，身体的ストレスが高い場合は低い場合と比較してエラー・ミスが約2倍あることを示している。過労で注意散漫となり機械に巻き込まれて怪我をした，過労からめまいや腰痛，喘息や消化器系等の疾患が生じたといった傷病は，労災認定がされても厚生労働省が示す「過労死等の労災補償状況」の統計にはあがらない。しかし，過労によりもたらされる心理的・身体的ストレスは，脳・心臓疾患や精神障害以外の労災も時として招くのである。

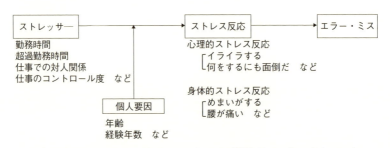

図9-4　ストレッサーからエラー・ミスへの過程（金子・濃沼・伊藤，2008）

文献

Abramson, L. Y., Alloy, L. B., & Metalsky, G. I. (1988). The cognitive diathesis-stress theories of depression. In. L. B. Alloy (Ed.), *Cognitive processes in depression*. pp. 3-30. New York: Guilford.

Beck, A. T., Rush, A. J, Shaw, B. F., & Emery, G. (1979). *Cognitive therapy of depression*. New York: Guilford.（坂野雄二（監訳）（1992）．うつ病の認知療法　岩崎学術出版

社）
Collins, J. J., Baase, C. M., Shard, C. E., Ozminkowski, R. J., Nicholson, S., Billotti, G. M., Turpin, R. S., Olson, M., & Berger, M. L.（2005）. The assessment of chronic health conditions on work performance, absence, and total economic impact for employers. *Journal of Occupational and Environmental Medicine, 47,* 547-557.
泉　基樹（2008）. 精神科医がうつ病になった　廣済堂出版
金井篤子・若林　満（1998）. 企業内におけるメンタルヘルス風土に関する研究　実験社会心理学研究, *38,* 63-79.
金子さゆり・濃沼信夫・伊藤道哉（2008）. 病棟勤務看護師の勤務状況とエラー・ニアミスのリスク要因　日本看護管理学会学会誌, *12,* 5-15.
厚生労働省（2004）. 脳・心臓疾患及び精神障害等に係る労災補償状況（平成15年度）について―別添資料―
　　＜http://www.mhlw.go.jp/houdou/2004/05/dl/h0525-1.pdf＞　（2015年1月7日検索）.
厚生労働省（2010a）. 平成21年度における脳・心臓疾患及び精神障害等に係る労災補償状況について―別添資料1―
　　＜http://www.mhlw.go.jp/stf/houdou/2r98520000006kgm-img/2r98520000006ki4.pdf＞　（2015年1月7日検索）.
厚生労働省（2010b）. 平成21年度における脳・心臓疾患及び精神障害等に係る労災補償状況について―別添資料2―
　　＜http://www.mhlw.go.jp/stf/houdou/2r98520000006kgm-att/2r98520000006kks.pdf＞　（2015年1月7日検索）.
厚生労働省（2014）. 精神疾患のデータ―精神疾患による患者数―
　　＜http://www.mhlw.go.jp/kokoro/speciality/data.html＞　（2015年1月7日検索）.
厚生労働省（2015a）. 平成26年度「過労死等の労災補償状況」を公表―別添資料1―
　　＜http://www.mhlw.go.jp/file/04-Houdouhappyou-11402000-Roudoukijunkyokuroudouhoshoubu-Hoshouka/h26noushin.pdf＞　（2015年1月7日検索）.
厚生労働省（2015b）. 平成26年度「過労死等の労災補償状況」を公表―別添資料2―
　　＜http://www.mhlw.go.jp/file/04-Houdouhappyou-11402000-Roudoukijunkyokuroudouhoshoubu-Hoshouka/h26seishin_1.pdf＞　（2015年1月7日検索）.
厚生労働省（2015c）. 疾病, 傷害及び死因の統計分類　ICD-10（2013年版）準拠　内容例示表　＜http://www.mhlw.go.jp/toukei/sippei/＞（2015年1月7日検索）.
Leiter, M. P.（1993）. Burnout as a developmental process: Consideration of models. In W. B. Schaufeli, C. Maslach, T. Marek（Eds.）, *Professional burnout: Recent developments in theory and research.* pp.237-250. Washington, D. C. : Taylor & Francis.
夏目　誠・村田　弘（1998）. ライフイベント法を用いたストレス教育を中心に　産業ストレス研究, *6,* 83-92.
岡田佳詠（1998）. 精神科看護者のバーンアウトと歪んだ認知との関連性に関する研究

日本精神保健看護学会誌, 7, 1-11.
瀧澤　透 (2012). 人口動態調査死亡票における自殺死亡者の精神疾患について　日本公衆衛生雑誌, 59, 399-406.
WHO (2000). Preventing suicide: A resource for general physicians. <http://www.who.int/mental_health/media/en/56.pdf> (2015年1月15日検索).

第10章　ストレスコーピング

　ストレス反応を引き起こす原因となる出来事や状況をストレッサーと呼ぶ。職場において個人が経験するストレッサーは、上司と馬が合わない、配置換えによって新しく与えられた仕事になじめない、などさまざまである。そしてまた、ストレッサーに直面したとき、個人は友だちに話しを聞いてもらったり、問題解決にむけて情報を集めたりと、さまざまな方法で対処する。このような、ストレッサーへの対処行動をコーピングと呼ぶ。
　では、効果的なコーピングとはいったいどのようなものだろうか。また、個人の効果的なコーピングを促進するためには、どのような支援が可能だろうか。本章では、コーピングに関する理論的枠組みや、これまでに蓄積されてきた研究知見を紹介しながら、効果的なコーピングや、支援のポイントについて論じる。

1．コーピングの理論

　コーピングは、ストレス性の身体・精神疾患の発症リスクを低減する重要な役割を担っている。それでは、コーピングは具体的にどのように私たちのメンタルヘルスの維持にかかわっているのだろうか。ここでは、コーピングのプロセスとコーピング選択に影響を与える要因であるコーピング資源に焦点を当てて、その理論的枠組みを紹介する。なお、本節で取り上げるコーピングの理論の概念図を図10-1に示した。

[1] コーピングのプロセス

　ラザルスとフォークマン（Lazarus & Folkman, 1984）は、個人が環境と相互に作用しあいながらダイナミックにストレス反応に影響を与えるストレスの

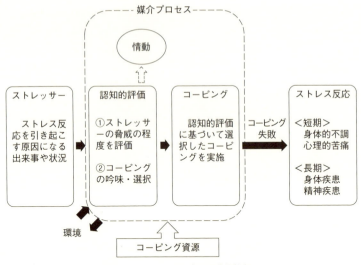

図10-1　コーピングの理論的枠組み

相互作用モデルを提唱している。このモデルでは，ストレス反応の程度は，ストレッサーによってではなく，個人の認知的評価（cognitive appraisal）とコーピングという媒介プロセスによって規定されることが示されている。

認知的評価には，①ストレッサーが個人にとってどの程度脅威であるかを評価する段階と，②どのようなコーピングが使用可能かを吟味し，選択する段階がある。認知的評価の結果，直面する状況が脅威であると評価されれば，それに伴って不安や焦りなどの情動が生起する。コーピングは，認知的評価の②によって吟味，選択されたコーピングを実際に行う段階を意味している。コーピングが適切になされればストレス反応は生起しないが，コーピングが失敗すると，心身の不調という形でストレス反応が現れる。また，この状態が長期化することで身体疾患，精神疾患の発症につながっていく。

[2] コーピング資源

コーピングのプロセスを陰で支え，コーピング選択に影響を与える個人内外の要因をコーピング資源と呼ぶ。個人の内的コーピング資源には楽観主義や統制感（環境や結果に自身が影響を与え，コントロールしている感覚），自尊心，

ソーシャルスキルなどがあり，外的コーピング資源にはソーシャルサポート，コントローラビリティ（ストレッサーのコントロール可能性）が挙げられる。コーピング同様，コーピング資源もまた，多くの研究がなされており，メンタルヘルスの維持に影響を与えていることが示されている（第3節で詳しく取り上げる）。

2．コーピング研究

　コーピングとメンタルヘルスの関係は，学生，労働者，精神疾患患者など，さまざまな属性の人々を対象に繰り返し検討されている。本節では，コーピングの種類を示したうえで，コーピングとメンタルヘルスとの関係について研究知見を紹介する。

［1］コーピングの種類
　コーピングにはどのような種類があるのだろうか。また，私たちが用いるコーピングは，個人間でどのように異なっているのだろうか。そのような疑問に対する答えを求めて，個人のコーピングを測定するさまざまな尺度が開発されている。ここでは，世界的に広く用いられている代表的な2つの尺度を紹介する。
　ラザルスとフォークマンは，コーピングを問題焦点型（problem focused）と情動焦点型（emotion focused）の2つの次元に分類し，コーピング尺度：Ways of Coping Questionnaire（Folkman & Lazarus, 1988）を作成している。問題焦点型のコーピングは，しかるべき人に助言を求める，問題解決に向けて計画をねるといったような，ストレッサーをなくしたり，減らしたりするための努力である。情動焦点型のコーピングは，スポーツで発散する，美味しいものを食べて気分転換するといったような，情動を落ち着かせるための努力である。Ways of Coping Questionnaire は，日本語版も作成されており，SCIラザルス式ストレスコーピングインベントリー（日本健康心理学研究所，1996）として市販されている。
　カーヴァーら（Carver et al., 1989）は，ラザルスとフォークマンによる分

表10-1　COPEによって測定されるコーピングと内容

コーピング	内容の要約
積極的コーピング	ストレッサーをなくしたり，改善したりしようとする
計画	ストレッサーにどのように対処するか計画を立てる
他の活動の抑制	ストレッサーに対処するために，他の活動をセーブする
抑制	すぐに反応せず，適切な時期がくるまであえて行動を抑制する
道具的ソーシャルサポートの使用	問題解決にむけて，アドヴァイスや必要な情報をもとめる
情緒的ソーシャルサポートの使用	他者からの精神的援助や，同情，理解をもとめる
感情への焦点化と感情表出	ストレッサーによって生起した感情に焦点を当て，その感情を表出する
行動的諦め	ストレッサーに対処することを諦める
心理的諦め	他の活動に従事したり空想したりして考えないようにする
肯定的再解釈と成長	ストレッサーの肯定的な側面を見つけようとしたり，困難な状況を通して成長しようとしたりする
否認	ストレッサーの現実性を認めない
受容	ストレッサーの現実性を受け入れる
宗教的コーピング	神仏に救いをもとめる
ユーモア	ストレッサーをユーモラスに捉える
アルコール，薬物使用	お酒や薬物を使用する

類方法（問題焦点型－情動焦点型）の有用性を尊重しながらも，より豊かで現実に近いコーピング尺度が必要であることを指摘し，コーピング尺度：COPEを作成している（日本語版は大塚，2008）。カーヴァーらの作成したCOPEでは，「積極的コーピング」「計画」「他の活動の抑制」「抑制」「道具的ソーシャルサポートの使用」「情緒的ソーシャルサポートの使用」「感情への焦点化と感情表出」「行動的諦め」「心理的諦め」「肯定的再解釈と成長」「否認」「受容」「宗教的コーピング」「ユーモア」「アルコール，薬物使用」の15コーピングが想定されている。それぞれのコーピングとその内容は表10-1に示した。

また，因子分析という統計解析によって，COPEで測定されるコーピングは，「問題焦点型」「情動焦点型」「ソーシャルサポート型」「回避型」に分類できることが示されている（Litman, 2006）。それぞれのコーピング型とそこに分類

表10-2　COPEによって測定されるコーピングの上位分類

型	コーピング
問題焦点型	計画，積極的コーピング，他の活動の抑制
情動焦点型	抑制，肯定的再解釈と成長，受容，ユーモア，宗教的コーピング
ソーシャルサポート型	道具的ソーシャルサポートの使用，情緒的ソーシャルサポートの使用，感情への焦点化と感情表出
回避型	否認，アルコール・薬物の使用，行動的諦め，心理的諦め

されたコーピングは表10-2に示した。以上から，私たちが用いる個々のコーピングは，①問題解決に向かう方向（問題焦点型），②気持ちを何とかしようとする方向（情動焦点型），③誰かに助けを求める方向（ソーシャルサポート型），④問題から遠ざかる方向（回避型）に大別されることが示されている。

[2] コーピングとメンタルヘルス

　コーピングは，メンタルヘルスの維持にかかわる重要な要因であるため，心理学や精神医学の領域で数多くの研究がなされてきた。コーピングの効果研究は，用いられる測定尺度や分類方法が研究者間で一致していないことや，結果に影響を与えるコーピング以外の要因（ストレッサーの質，認知的評価，コーピング資源など）をすべて統制することは現実的に難しいといった研究上の問題もあり，厳密には結果が一致しているとはいいがたい。具体的には，コーピングの種類によって，結果の一貫性が高いものとそうでないものがある。以下では，問題焦点型 - 情動焦点型，および回避型のコーピングとメンタルヘルスとの関連についての研究知見を示す。

　1）問題焦点型 - 情動焦点型　問題焦点 - 情動焦点というコーピング分類に基づいて行われた研究の多くは，問題焦点型のコーピングは情動焦点型コーピングよりもメンタルヘルスの維持に効果的であることを示している。たとえば，海外赴任から帰国した労働者282名を対象に，コーピングと帰国後の社会適応との関係を検討した研究からは，問題焦点型コーピングをよく用いていた労働者の適応状態は高く，反対に，情動焦点型コーピングをよく用いていた労働者の適応状態は低かった（Herman & Tetrick, 2009）。

　一方で，情動焦点型のコーピングは，適応的であることを示すものと，非適

応的であることを示すものが混在している。その理由として，問題焦点型－情動焦点型という分類は非常に大まかな分類であるため，それぞれに属した個々のコーピングは質的に大きく異なることが考えられる。実際に情動焦点型を非適応的とする研究のなかには，「否認」や「諦め」などの回避型コーピングを情動焦点型に分類しているものも散見される。

　まとめると，問題解決型のコーピングはメンタルヘルスの維持に効果的に働く可能性が高いが，情動焦点型のコーピングがメンタルヘルスに与える影響は未解明であり，さらなる研究が求められている。

　2）回避型　　否認や諦め，アルコール・薬物の使用といった回避型のコーピングは，非適応的である可能性が多くの研究から示されている。たとえば，55歳から65歳の成人1,211名を10年にわたって追跡調査した大掛かりな研究が存在する。この結果からは，研究参加時に，回避型コーピングを多く用いていた参加者は，4年後に慢性・急性のストレスを多く経験しており，さらに10年後のうつ症状とも結びついていた（Holahan et al., 2005）。また，回避型コーピングと，摂食障害やアルコール依存症などの精神疾患との関連も多く報告されている。たとえば，回避型コーピングは摂食障害患者の拒食や過食・嘔吐などの食行動と関連していることが報告されており（Ghaderi & Scott, 2000），摂食障害患者のコーピングスタイルを2年半にわたり縦断的に調査した研究からは，過食・嘔吐をしなくなった回復患者において，回避型コーピングの使用頻度が低下し，ソーシャルサポート型や問題焦点型コーピングの利用頻度が上昇していた（Bloks et al., 2004）。

　一方で，回避型のコーピングも短期的には有用であることも示されている（Suls & Fletcher, 1985）。

［3］コーピングの柔軟性とメンタルヘルス

　上述の研究では，ストレス反応の低減に効果的なコーピングとは何か，という視点で，個々のコーピングの効果を検討している。しかし，現実的には，私たちがストレスフルな状況に立ち向かうとき，1つのコーピングのみを使うとは限らない。誰かに話を聞いてもらい，気持ちが落ち着いたところで状況の肯定的な解釈を試みたり，ときには回避的になりながらもカラオケで気分転換し，

積極的に問題解決に取り組むといったように，状況に応じて複数のコーピングを同時，あるいは継時的に組み合わせて用いているはずである。そのように考えれば，メンタルヘルスの維持には，複数のコーピングを，どのような文脈で，どのように用いているかということが重要になる。このような発想から，コーピングの柔軟性という概念が大きな注目を集めている。

　コーピングの柔軟性には複数の定義が存在するが，大きくは以下のようにまとめられる。

　①幅広いレパートリー（コーピングレパートリーの豊かさ）
　②バランスの良さ（用いるコーピング種類のバランスの良さ）
　③状況間での変動制（状況によって用いるコーピングを変える力）
　④コーピングと状況の適合度（ストレスフルな状況と，それに対して用いられるコーピングとの適合のよさ）
　⑤知覚された能力（状況に応じてさまざまなコーピングを用いることができるという主観的評価）

　メタ分析（個々の研究結果を総合して行われる分析方法）の結果からは，定義の違いにかかわらず，コーピングの柔軟性はメンタルヘルスを高めることが示されている（Cheng et al., 2014）。

　前項では，多くの研究が問題焦点型のコーピングは適応的であり，回避型のコーピングは非適応的であることを示唆する一方で，研究結果は必ずしも一致していないことを示した。おそらくは，どのような状況でも効果のある，あるいはどのような状況でも効果がない，といった絶対的なコーピングなど存在しないだろう。コーピングの柔軟性研究は，個人がバラエティ豊かなコーピングもち，状況に応じて適切に使い分けることの重要性を示している。

3．コーピングの支援

　上記で示したように，効果的なコーピングにはコーピングの柔軟性が必要である。したがって，職場でのメンタルヘルス対策を講じる際には，個人が使用可能なコーピングを量的・質的に高めることが，アプローチの重要なポイントとなる。

第1節第2項で述べたように，個人のコーピング選択に影響を与える要因がコーピング資源である。重複するが，コーピング資源には，楽観主義や統制感，自尊心，ソーシャルスキルなどの内的な資源と，コントローラビリティ，ソーシャルサポートなどの外的資源がある。内的コーピング資源のうち，楽観主義や統制感，自尊心などは比較的安定したパーソナリティ特性であるために，職場での支援の対象になりにくい。一方で，ソーシャルスキルは対人コミュニケーションのスキルであり，トレーニングによって適切な行動を学習することができる。また，外的コーピング資源であるコントローラビリティやソーシャルサポートは，環境調整という形でアプローチ可能である。そこで，以下ではソーシャルスキル，コントローラビリティ，ソーシャルサポートを取り上げ，職場での支援の可能性を示す。

[1] ソーシャルスキル

ソーシャルスキルは，対人場面において人間関係の維持，調整にかかわるコミュニケーションのスキルを表す概念である。高いソーシャルスキルは，他者からの支援の受けやすさや，使用可能なコーピングの豊かさにつながり，結果的にメンタルヘルスを維持する役割を果たす（Riggio & Zimmerman, 1991）。反対に低いソーシャルスキルは，うつ病やアルコール依存症などさまざまな精神疾患と関連していることが報告されている（Morrison & Bellack, 1981）。

平成24年度に行われた厚生労働省の調査（2012）によれば，職場において強い不安，悩み，ストレスがあると回答した従業員の割合は60.9%に上っており，その原因として職場の人間関係の問題が最も多く報告されている。また，人間関係の問題は，日常生活において非常に強い痛みをもたらし，その痛みは，他のストレッサーによってもたらされたものよりも長く続くことが知られている（Bolger et al., 1989）。このことから，職場において対人関係を円滑に進めるソーシャルスキルの獲得は，使用可能なコーピングレパートリーを広げるだけでなく，対人関係に起因するストレッサーそのものを低減する点で重要な意味をもつ。

現在，適切なソーシャルスキル獲得のための訓練プログラムがSST（social skill training）の名称で確立されている。SSTは従来，精神疾患患者の社会復

帰を促す目的で行われてきたが，条件づけやモデリングなど行動心理学の理論をもとにノウハウが蓄積されており，汎用性も高いたことから，労働者を対象としたトレーニングにも十分応用可能であると考えられる。

　また，職場において重要なソーシャルスキルの1つに適切な自己主張のスキルが挙げられる。適切な自己主張とは，相手の意見や立場を尊重しつつ，自分の意見を率直に表現することであり，アサーショントレーニングとして確立されている。32名のうつ病患者を対象としたアサーショントレーニングの効果研究では，トレーニング後のうつ症状が緩和されたことが報告されており（Sanchez et al., 1980），職場におけるストレスマネジメントにも効果が期待される。

[2] コントローラビリティ

　コントローラビリティとは，何らかの対象を個人がコントロールできる程度を意味する用語である。コーピング研究の文脈では，特にストレッサーのコントローラビリティを意味している。たとえば，社員が会社の制度上の問題に悩まされているとする。この場合，その社員にとってのストレッサーは会社の制度である。この例では，社員が一般社員であれば，会社の制度を変えられる可能性は低く，コントローラビリティは低いと判断される。

　これまでの研究では，ストレッサーがコントローラブルな場合には，問題焦点型のコーピングが用いられやすいことが知られている。また，コントローラブルな場合に用いられる問題焦点型のコーピングは適応的であることも示されている（Forsythe & Compas, 1987）。

　したがって，就業時間や就業場所，休憩時間，といったワークスタイルを個人が選択できるような制度の導入や，仕事の裁量面での自由度を高めるといった環境調整によって，コントローラビリティを高める支援が可能であると考えられる。

[3] ソーシャルサポート

　ソーシャルサポートとは，家族，友人，同僚といった重要他者によって個人にもたらされる有形・無形の援助である。また，ソーシャルサポートは以下の

4に分類される（Malecki & Demaray, 2003）。

①道具的サポート（経済支援，手伝いなどの実質的援助）
②情緒的サポート（話を聞いて共感する，理解を示すなどの情緒的援助）
③情報的サポート（問題解決に必要な情報やアドヴァイスの提供）
④評価的サポート（評価やフィードバックの提供）

　これまでの研究では，ソーシャルサポートが高い場合には，問題解決型のコーピングが用いられやすく（Holahan et al., 1997），ソーシャルサポートが低い場合には，回避型コーピングが用いられやすい（Manne et al., 2005）ことが明らかになっている。

　また，ソーシャルサポートはメンタルヘルスの維持にも効果的に働き，上記4つのサポートの中では，情緒的サポートがメンタルヘルス維持に最も効果的であることが知られている（Dunkel-Schetter & Bennett, 1990）。

　仕事は大変だったが，気持ちを理解して，支えてくれる上司や同僚のおかげでなんとか乗り越えられた，という経験はないだろうか。上記のソーシャルサポート研究は，このような日常感覚の確固たる裏づけを示している。したがって，労働者が情緒的につながり合える環境づくりは非常に有用である。具体的には，傾聴や共感スキルの習得を目指すワークショップ型の研修の充実や，業務以外でのコミュニケーションの場を適宜設けることによって，従業員同士の気持ちのつながりを高め，サポートを受けやすい環境を整えるアプローチが可能である。

引用文献

Bloks, H., Furth, E. F., Callewaert, I., & Hoek, H. W. (2004). Coping strategies and recovery in patients with a severe eating disorder. *Eating Disorders*, *12*, 157-169.

Bolger, N., DeLongis, A., Kessler, R. C., & Schilling, E. A. (1989). Effects of daily stress on negative mood. *Journal of Personality and Social Psychology*, *57*, 808.

Carver, C. S., Scheier, M. F., & Weintraub, J. K. (1989). Assessing coping strategies: A theoretically based approach. *Journal of Personality and Social Psychology*, *56*, 267.

Cheng, C., Lau, H. B., & Chan, M. S. (2014). Coping flexibility and psychological adjustment to stressful life changes: A meta-analytic review. *Psychological Bulletin*, *140*, 1582.

Dunkel-Schetter, C., & Bennett, T. L. (1990). Differentiating the cognitive and behavioral aspects of social support. In B. R. Sarason, I. G. Sarason, & G. R. Pierce (Eds.), *Social support: An interactional view* (pp. 267-296.). New York: John Wiley.

Folkman, S., & Lazarus, R. S. (1988). *Ways of Coping Questionnaire: Sampler Set: Manual, instrument, scoring guide*. Palo Alto, CA: Consulting Psychologists Press.

Forsythe, C. J., & Compas, B. E. (1987). Interaction of cognitive appraisals of stressful events and coping: Testing the goodness of fit hypothesis. *Cognitive Therapy and Research, 11*, 473-485.

Ghaderi, A., & Scott, B. (2000). Coping in dieting and eating disorders: A population-based study. *The Journal of Nervous and Mental Disease, 188*, 273-279.

Herman, J. L., & Tetrick, L. E. (2009). Problem‐focused versus emotion‐focused coping strategies and repatriation adjustment. *Human Resource Management, 48*, 69-88.

Holahan, C. J., Moos, R. H., Holahan, C. K., & Brennan, P. L. (1997). Social context, coping strategies, and depressive symptoms: An expanded model with cardiac patients. *Journal of Personality and Social Psychology, 72*, 918.

Holahan, C. J., Moos, R. H., Holahan, C. K., Brennan, P. L., & Schutte, K. K. (2005). Stress generation, avoidance coping, and depressive symptoms: A 10-year model. *Journal of Consulting and Clinical Psychology, 73*, 658.

厚生労働省（2012）．労働者健状況康調査
＜http://www.mhlw.go.jp/toukei/list/dl/ h24-46-50_01.pdf ＞

Lazarus, R. S., & Folkman, S. (1984). *Stress, appraisal, and coping*. New York: Springer.

Litman, J. A. (2006). The COPE inventory: Dimensionality and relationships with approach-and avoidance-motives and positive and negative traits. *Personality and Individual Differences, 41*, 273-284.

Malecki, C. K., & Demaray, M. K. (2003). What type of support do they need? Investigating student adjustment as related to emotional, informational, appraisal, and instrumental support. *School Psychology Quarterly, 18*, 231.

Manne, S. L., Ostroff, J., Winkel, G., Grana, G., & Fox, K. (2005). Partner unsupportive responses, avoidant coping, and distress among women with early stage breast cancer: Patient and partner perspectives. *Health Psychology, 24*, 635.

Morrison, R. L., & Bellack, A. S. (1981). The role of social perception in social skill. *Behavior Therapy, 12*, 69-79.

日本健康心理学研究所（1996）．ラザルス式ストレスコーピングインベントリー［SCI］実務教育出版

大塚泰正（2008）．理論的作成方法によるコーピング尺度：COPE 広島大学心理学研究, *8*, 121-128.

Riggio, R. E., & Zimmerman, J. (1991). Social skills and interpersonal relationships: Influences on social support and support seeking. *Advances in Personal Relationships, 2,* 133-155. w

Sanchez, V. C., Lewinsohn, P. M., & Larson, D. W. (1980). Assertion training: Effectiveness in the treatment of depression. *Journal of Clinical Psychology, 36,* 526-529.

Suls, J., & Fletcher, B. (1985). The relative efficacy of avoidant and nonavoidant coping strategies: A meta - analysis. *Health Psychology, 4,* 249.

第11章　働きがいのある職場づくり
メンタルヘルス対策におけるポジティブ要因

1．働きがいのある職場づくりのキーワード：ワーク・エンゲイジメント

　これまで数多くの職業性ストレスに関する調査や研究がなされてきたが，実際に職場ではさまざまなストレスからうつ病などの精神疾患を発症するケースは多く，社会問題となっている。2015年12月から開始された労働安全衛生法に基づくメンタルヘルスチェック制度の義務化など具体的な対策が進められつつあるなか，メンタルヘルス不調者をこれ以上出さないことは，どの職場にとっても最重要課題の1つといえる。

　一方で，21世紀に入ってからポジティブ心理学（positive psychology）が大きく注目されるようになり，その流れは産業領域においても広まっている。

　産業領域におけるポジティブ心理学の主なキーワードとして，クオリティー・オブ・ライフ（quality of life），ウェルビーイング（well-being），レジリエンス（resilience），フロー（flow）などが挙げられるが，代表的な概念の1つとしてワーク・エンゲイジメント（work engagement）を取り上げる。このワーク・エンゲイジメントは，「仕事に関するポジティブで充実した心理状態」としてシャウフェリら（Schaufeli et al., 2002）によって提唱されたものであり，仕事に誇りとやりがいを感じ，熱心に取り組み，仕事から活力を得ていきいきとしている状態であるとしている。ワーク・エンゲイジメントの特徴として，「活力」（仕事中における高水準のエネルギーとレジリエンス，努力しようとする前向きさや根気の強さ），「熱意」（仕事への有意味感，ひらめき，プライド，挑戦心），「没頭」（仕事への完全な集中と幸福感）の3つの要素から構成されるものと説明している（Schaufeli & Bakker, 2004）。

　これまでの職場のメンタルヘルス対策では，従業員の健康には注目するもの

の，従業員がどの程度いきいきと仕事をして生産性を上げるかには，あまり注目しておらず，むしろ，生産性の向上を促すことで，かえって健康を損ねるのではないかと懸念すらしていた（島津，2014）。つまり，病まないためにメンタルヘルス対策をどのように進めていくべきかということに意識は向けられているが，従業員のメンタルヘルスをポジティブなものにすることで組織全体を活性化し，生産性の向上や効率化につなげようという連動性まで視野に入れてこなかったことが推測される。

　働きがいのある職場づくりを検討していくうえで，仕事に対してポジティブな要素を含んだワーク・エンゲイジメントを高めるにはどうすればよいかというアプローチは有効であろう。なぜなら，ワーク・エンゲイジメントは，個人に達成感を与えるだけでなく，組織の効率も向上させてくれるものであり，さらには職場での人間関係に関連し，ワーク・エンゲイジメントを相互に伝播させる可能性を有しているもの（島津，2014）と考えられているからである。

　まずは，このワーク・エンゲイジメントが何によって生み出され，また，何をつくり出すものなのか整理する必要がある。ワーク・エンゲイジメントの規定要因およびアウトカム（島津，2009）を図11-1のようにまとめた。

　ワーク・エンゲイジメントの規定要因，つまり何によって生み出されるのか

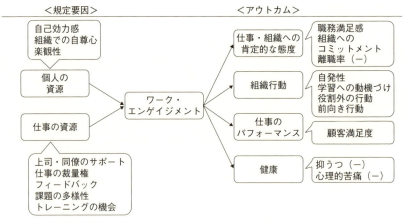

図11-1　ワーク・エンゲイジメントの規定要因とアウトカム
（島津，2009を統合・改編）

については大きく個人の資源（personal resources）と仕事の資源（job resources）に分けることができる。

個人の資源としては，個人の「内部」にある心理的資源であり，積極的なスタイル，自己効力感（ある行動をうまく実行できるという自信），組織での自尊心，楽観性，レジリエンス（粘り強さ）などが該当する（島津，2014）とされている。ストレスに対してどのように向き合うかという対処スキル，仕事を効率的に進める時間管理スキル，上司や同僚，顧客など仕事関係者とのコミュニケーション・スキルなどの能力を高めることで，個人の資源は豊かになり，ワーク・エンゲイジメントの向上が期待できる。

仕事の資源としては，上司からフィードバックがあること，同僚からサポートがあること，仕事のコントロール度が高いこと，適切な報酬や承認を受けていること，組織と個人の価値観が一致していることなどが挙げられ，それらの仕事の資源の豊富さがワーク・エンゲイジメントに深く関係しており，このような外的な要素も重要な資源である。

個人の資源と仕事の資源によってワーク・エンゲイジメントが形成され，そこから生み出されるアウトカム，つまり期待される結果としては，仕事や組織に対する肯定的態度，離職率の低下，前向きな学習や行動，担当業務以外の仕事への参加，パフォーマンス向上による顧客満足の上昇，良好な心身の健康の維持などが挙げられる。従業員の心身の健康度が高いことはメンタルヘルス対策と合致しており，さらに組織への肯定的な態度は高いパフォーマンスが期待でき，人的資源管理や経営戦略の視点からも有効であると考えられる。

2．仕事の資源を生み出す職場環境

ワーク・エンゲイジメントを高めるためには，個人による努力に期待するだけではなく，職場環境として活用可能な仕事の資源を豊かにすることにも目を向ける必要がある。ワーク・エンゲイジメントを高めることができる仕事の資源を有しているかどうかは，職場環境がどのような状態にあるかによって大きく異なる。

図11-2は，横軸に心身の健康度，縦軸に職場の活気のレベルにより，職場

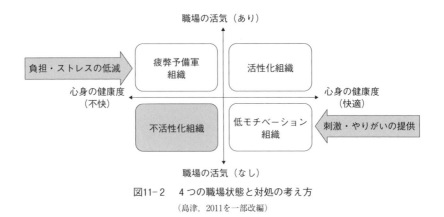

図11-2　4つの職場状態と対処の考え方
（島津，2011を一部改編）

環境の状態を4つに分けたもの（島津，2011）に対して，それぞれに対応のポイントが異なることを示している。右上の「活性化組織」は，職場に活気があり，従業員の健康度も高い理想的な職場状態である。ここでは仕事の資源が豊富に存在し，活用可能な状態にあるといえる。左上の「疲弊予備軍組織」は，職場の活気はあるものの，従業員の健康度については良好とはいえない職場状態である。つまり，活発に働いているが，働き方が強迫的であったり，高ストレス状態であったりすることが想定されるため，組織として短期的な成果は見込めるものの中長期的には問題を抱えやすい状態といえる。この職場状態に必要な対処としては，仕事の質的な負担・量的な負担などのストレス要因を減少させることが求められる。一方，右下の「低モチベーション組織」は，従業員の健康度には問題がみられないものの，職場に活気がない職場状態である。この職場状態に必要な対処は，ストレス要因の低減よりも，従業員に対して刺激ややりがいを提供することである。左下の「不活性職場」状態の場合は，職場自体に活気がなく，従業員のストレスが高い状態もしくはやる気が低く冷め切った状態が想定され，職場環境の改善への取り組みと，個々の従業員に対する基本的なメンタルヘルス対策を始めることが求められる。

ワーク・エンゲイジメントによってもたらされるものは，働く人々にとっては精神的な健康を維持し仕事に前向きな理想的な姿であり，組織にとっては従業員の高いパフォーマンスによってより良い成果につながっていく好循環であ

る。また，仕事の資源と個人の資源は，決して独立しているものではなく，相互に影響を及ぼしあいながら，ワーク・エンゲイジメントに影響を及ぼすものである。この両者を眺めながらメンタルヘルス対策と働きがいのある職場づくりを進めていくことが望まれる。「木を見て森を見ず」の対処にならないよう，個人のメンタルヘルス対策だけでなく，組織全体に視野を広げる必要がある。

3．ワーク・ライフ・バランスの実現のために：仕事中心から人生全体へ

　仕事にやりがいを感じ，私生活も充実したものにするということは，実現の困難さを感じながらも，誰もが望んでいることであろう。そして，人々が理想とする仕事と仕事以外の生活のバランスは，個人によって異なり，また個人のライフステージによっても変化するものである。

　ワーク・ライフ・バランス（work life balance：以下，WLB）という言葉は，すでに日常社会に広まっており，その必要性についても知られているところである。女性の職場進出や共働き世帯の増加など社会的変化とともに，人々が望むライフスタイルや就業観の多様化が，その背景として挙げられる。WLBは仕事と仕事以外の生活の両立を目指すものであり，その支援対象は育児だけでなく，介護，自己啓発，社会活動などが含まれ，WLBは従業員が充実した生活を送るうえでますます重要な位置づけになってきている。

　また，WLB支援によってもたらされる人材活用や企業業績に関するメリットとして，①質・量ともに必要な人材確保にプラスの効果，②結婚や自己都合による退職の減少，女性の就業継続を促進，③従業員の仕事への意欲向上，④企業業績に対してプラスの効果の4つの効果があるとしている（佐藤，2011）。

　内閣府による「仕事と生活の調和（ワーク・ライフ・バランス）レポート2014」では，長時間労働の抑制や年次有給休暇取得の促進に向けた労使の意識改革や職場の雰囲気づくりが今後に向けた課題として挙げている。さらに，男女がともに仕事と子育てを両立できる多様で柔軟な働き方を可能にする環境整備，育児を積極的にする男性「イクメン」の普及など男性の働き方や意識の改革など男性の価値観の変化にも目を向け，WLBを推進させようという流れがみられる。

しかしながら，各企業において育児休業制度や短時間労働などWLBの支援策が導入されつつあるが，日本では定時退社や有給休暇の取得に消極的な側面があり，WLBが十分に浸透しているとはいいがたい実情がある。その背景として，浅井（2011）は，日本では，恒常的に残業することや休暇を取得せずに働き続けることが，企業への忠誠心を表すとされる職場風土がまだ残っており，オン・オフのメリハリのない仕事スタイルとそれに規定された日常生活をもたらしていると述べている。また，部署の特性によってWLB支援策の運用が微妙に異なるなどの課題があり，このような阻害要因を取り除き，組織としてWLBの取り組みが機能しやすい環境づくりが求められる。

このようにWLBを推進していくためには，行政や企業による多様な価値観を受け入れる受容的な職場風土づくりの改革だけではなく，個人レベルでは仕事管理・時間管理の意識と実行するためのスキルを高める働き方の改革が求められ，その両輪によってWLBの実現に近づけるものと思われる。

4．いきいきと働くためのエネルギーと時間の管理

仕事に対してポジティブでやりがいを感じている心の状態としてワーク・エンゲイジメントを紹介してきたが，ワーク・エンゲイジメントの高い人は人生のなかで仕事をどのように捉えているのだろうか。ここで，筆者が行った調査（2014）より〈人生の中で仕事は〉という問いに対するワーク・エンゲイジメント高得点者の回答例をいくつか紹介する。「生きがいであり，自分自身を成長させてくれるエネルギーの源である」「自分が生きていくための収入を得て，また自分の能力を生かす場である」「生きがいであり，自分を高め，いろいろな人とのかかわりのなかで人間形成を培うこと」「必要なスパイスとなり得る」「私の世界を広げてくれるものである」などの答えがみられ，人生のなかで仕事は自己成長や生きがい，人間関係の形成の機会を生み出すものとして捉えている。仕事というものを単なる収入源として「しなければならないもの」として考えているのではなく，人生の中で重要なものと位置づけ，ポジティブなものをもたらすと捉えられているようである。特に，仕事を通して自身の成長の機会を見つけたり，視野の広がりを感じたりできることが働く人々にとって大

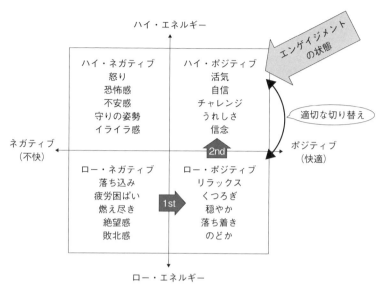

図11-3　4つのエネルギー状態（The dynamics of energy）
（Loehr & Schwartz, 2003に一部加筆）

切なものと考えられる。

　図11-3はエネルギー状態について，縦軸に「高い／低い」，横軸に「ポジティブ／ネガティブ」に分け，4つに区分したものである（Loehr & Schwartz, 2003）。ハイ・エネルギーかつポジティブの「ハイ・ポジティブ」（右上）が理想的な状態だが，活動が強迫的になったり，適切にコントロールできなくなったりした場合，ハイ・ネガティブ（左上），やがてロー・ネガティブ（左下）の状態に移行してしまう恐れがある。「ハイ・ポジティブ」を維持していくためには，「ロー・ポジティブ」状態を適切に取り入れていくことが求められる。「ハイ・ポジティブ」と「ロー・ポジティブ」の切り替えを，自らで適切にコントロールしていくことが理想的であると考えられる。もし，燃え尽きて疲弊し切ってしまった場合であっても，図中の1st／2ndステップのようにまずはゆっくりとリラックスする時間を過ごし，十分にエネルギーを蓄えていくことで活気や自信の回復が期待できる。

　サッカー日本代表として国際Aマッチ最多出場記録をもつ遠藤保仁選手（ガ

ンバ大阪所属)は自著の中で，休みの日の過ごし方について，「人それぞれ」と前置きしたうえで，「オンとオフを徹底するタイプ」「シーズンオフは，ボールに触らない」「クラブハウスを出た瞬間にスイッチを切る」と述べている(遠藤，2015)。サッカー選手としての技術や経験によるものだけではなく，自分に合ったエネルギーや時間のコントロールを理解し実践しているからこそ，長きにわたって第一線での活躍を可能にしているのではないだろうか。そして，質の高いパスを送り続けることでチーム全体を活性化させるプレーぶりは，ポジティブな伝播として組織内に好循環をもたらしているように思われる。

　これからの働きがいのある職場づくりには，個人に対するメンタルヘルス対策とともに職場単位に資源を生み出す環境醸成が求められ，森を眺めながら木を見るような展開が期待される。また，個人が長期的にいきいきと活動していくために，仕事の時間だけでなく，人生全体に視野を広げるなかで，エネルギーや時間のコントロールを考えることは，自身の理想とする生活の在り方を見直すきっかけになるのではないだろうか。

引用文献

浅井友紀子 (2011). 欧州企業における働き方とワーク・ライフ・バランス　佐藤博樹・武石恵美子 (編著) ワーク・ライフ・バランスと働き方改革 (pp.74-107.)　勁草書房

遠藤保仁 (2015). 白紙からの選択　講談社

Loehr, J., & Schwartz, T. (2003). *The dynamics of full engagement.* (p.10.) New York: Free Press.

内閣府仕事と生活の調査推進室 (2014). 仕事と生活の調和 (ワーク・ライフ・バランス) レポート2014
　＜http://wwwa.cao.go.jp/wlb/government/top/hyouka/report-14/h_pdf/shiryou.pdf＞ (2016/2/1アクセス)

佐藤博樹 (2011). ワーク・ライフ・バランスと働き方改革　佐藤博樹・武石恵美子 (編著) ワーク・ライフ・バランスと働き方改革 (pp.1-26.)　勁草書房

Schaufeli, W. B., Salanova, M., Gonzalez-Roma. V., & Bakker, A. B. (2002). The measurement of engagement and burnout : A two sample confirmatory analytic approach. *Journal of Happiness Studies, 3*, 71-92.

Schaufeli, W. B., & Bakker, A. B. (2004). Job demands, job resources, and their relationship with burnout and engagement: A multi-sample study. *Journal of*

Organizational Behavior, 25, 293-315.

島津明人（2009）．職場のポジティブ心理学：ワーク・エンゲイジメントの視点から　産業ストレス研究，*16*，131-138．

島津明人（2011）．職場のポジティブメンタルヘルスの考え方　島津明人（編著）　職場のポジティブメンタルヘルス　現場で生かせる最新理論（pp. 2 -11.）　誠信書房

島津明人（2014）．ワーク・エンゲイジメント　ポジティブ・メンタルヘルスで活力ある毎日を（p.21，pp.44-58.）　労働調査会

第12章　働きがいのある職場づくり

1.「働きがい」とは

　「働きがい」は働く個人にとって，生活の糧を得ることだけではなく，能力が十分に発揮できること，自己の成長を感じられること，仕事での充実感を得られること，組織（職場）や仕事が自分の適性に合致していること等の要素が含まれる心理状態であり，生きがいにもつながるものである。小野（2011）は「働き甲斐とは，その人の仕事生活の中で，職務満足感の重要な構成要因である能力の十分な発揮や成長，達成感，充実感などを感じることができ，そして，それが自己の人生の肯定に繋がること」と定義している。

　組織（企業・職場）の側からは，そこで働く個人の「働きがい」は，業績向上にかかわる要因であり，人的資源管理として関与できるものとして捉えられている。

　「働きがい」と類似した言葉として「働きやすさ」があるが，両者は異なる概念である。厚生労働省（2014）では，従業員の「働きがい」を「働く価値があること」とし，「働きやすさ」を「働く苦労・障壁が小さいこと」として区別している。

　図12-1に示すように「働きやすさ」を土台として，その上により積極的かつ前向きな意欲の状態である「働きがい」が成り立つと考えられる（谷田部，2012）。

図12-1　働きがいと働きやすさの関係（谷田部，2012）

2.「働きがい」「働きやすさ」のある職場

[1]「働きやすさ」を促進する雇用管理

　厚生労働省（2014）の「働きやすい・働きがいのある職場づくりに関する調査」によると，「働きがい」や「働きやすさ」のある会社では，従業員の仕事に対する意欲が高く，職場への定着が進みやすい傾向があり，さらに，会社の業績も高い傾向にあることが報告されている。

　同調査では，従業員の「働きがい」や「働きやすさ」を高めるには，評価や処遇，人材の育成，人間関係についての管理など，適正な雇用管理の実施が効果的であることが示されている。

　また，「働きがい」は「自分の意見や希望が受け入れられる」「自分の仕事の意義や重要性に対して説明がなされる」といった「自己効力感」が充足されるような雇用管理がなされた場合に高まる傾向があり，「働きやすさ」は「自己効力感」に加え，「相談できる体制」や「福利厚生」に関する雇用管理がなされた場合に高まる傾向がみられることが報告されている。

　「働きがい」「働きやすさ」を高める効果のある雇用管理の例は，表12-1のようにまとめられる。

表12-1　「働きがい」と「働きやすさ」を高める効果のある雇用管理の例
（厚生労働省，2014をもとに作成）

「働きがい」意識を高める	「働きやすさ」意識を高める
①仕事の意義や重要性を説明する ②従業員の意見を経営計画に反映する ③本人の希望をできるだけ尊重して配置する ④希望に応じてスキルや知識が身につく研修を実施する ⑤提案制度などで従業員の意見を聞く	①希望に応じてスキルや知識が身につく研修を実施する ②本人の希望をできるだけ尊重して配置する ③提案制度などで従業員の意見を聞く ④従業員の意見を経営計画に反映する ⑤経営情報を従業員に開示する

[2] 労働 CSR（corporate social responsibility ＝企業の社会的責任）

　近年，企業における長時間労働やストレスの増大など，働き方の持続可能性に照らして懸念される状況がみられるなかで，企業のCSRに関する取組が大

きな潮流となっている。CSRとは，企業活動において，社会的公正や環境などへの配慮を組み込み，従業員，投資家，地域社会などの利害関係者に対して責任ある行動をとるとともに，説明責任を果たしていくことを求める考え方である（厚生労働省，2008）。

「労働CSR」とは，CSRのうち従業員の働くことに関連する領域を示す。労働CSRに取り組むことが，従業員の「働きやすさ」の前提となる。

厚生労働省（2008）によると，労働CSRへの取組領域は，①人材育成，②キャリア形成支援，③仕事と生活の調和，④従業員の社会貢献，⑤男女の均等推進，⑥高齢者雇用，⑦障害者雇用，⑧若年者雇用，⑨安全衛生，⑩従業員の健康，⑪社会報告書・CSRレポートの11分野に分類される。これらを整備することが「働きがい」の土台としての「働きやすさ」につながるといえよう。

3．「働きがい」をもたらす仕事の特性

「働きがい」の要素には，仕事自体の価値観や仕事を通じた充実感が含まれる。それではどのような仕事が，その仕事を遂行する個人に働きがいをもたらすのだろうか。ここでは，仕事の在り方や職務設計を考えるうえで有益な研究として，ハックマンとオルダム（Hackman & Oldham, 1975）の職務特性モデルを取り上げる。

図12-2に示したように，仕事の特性がもたらす個人の高い満足感，意欲，業績の関係を提示したモデルであり，仕事を5つの特性（中核的職務次元）によって捉える。

①技能多様性：その仕事でどれくらい多様な活動や技能が必要となるか（必要とされる技能が多様なほど，仕事で感じる有意義性は強くなる）。

②仕事一貫性：その仕事は全体として一貫性があり，まとまったものであるか（一貫性が高いほど，仕事で感じる有意義性は強くなる）。

③仕事有意味性：その仕事の影響の大きさ，他の人々の生活や仕事にどのくらいの実質的な影響を及ぼすのか（影響力が大きいほど，仕事で感じる有意義性は強くなる）。

④自律性：仕事の段取りや進め方について，どれくらいの自由裁量が認めら

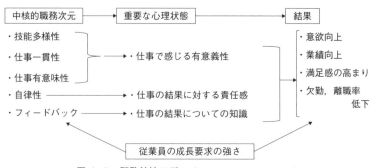

図12-2 職務特性モデル（Hackman & Oldham, 1975）

れているのか（自由裁量が認められているほど，仕事の結果に対して感じる個人的責任は強まる）。

⑤フィードバック：仕事の結果について直接的で明瞭な情報をどれくらい入手できるのか（明瞭なフィードバックが得られるほど，仕事に費やした努力が結果に結びついているかを知ることができる）。

この5つの仕事の特性が働く人に3つの重要な心理状態「①自分の仕事を有意義なものと感じる，②仕事の結果に対する自分の責任を感じる，③実際の仕事の結果に対する知識を得る」を生み出し，結果として，仕事に対する高い意欲や満足感，高い業績をもたらすと仮定する。

職場で仕事の構造化，ルーティン化が極端に進んでいる場合，能率的ではあるが，個々人の仕事のやりがいや働きがいは高まりにくいと考えられる。職場の管理者，リーダーにはときとして，メンバーのタスクを職務特性モデルに主張されているような5つの特性をもつものへと変化させることが必要である。

ただしこのモデルでは，従業員の成長要求の強さを媒介変数にしているため，こうした要求をもたない従業員には有効ではないので，注意が必要である。

4．働きがいとキャリア形成

[1] キャリア・キャリア形成とは

キャリア（career）は日常用語では職業や進路を示す言葉として用いられて

いるが，多義的であり定義もさまざまである。ホール（Hall, 1976）によると，「キャリアとは，個人の生涯を通じて，仕事に関わる諸経験や諸活動に関連した態度や行動の，個人に知覚された連鎖」として定義される。

厚生労働省（2002）は以下のように，「キャリア」「キャリア形成」について説明している。

> 「キャリア」とは，一般に「経歴」，「経験」，「発展」さらには，「関連した職務の連鎖」等と表現され，時間的持続性ないし継続性を持った概念として捉えられる。「キャリア形成」とは，このような「キャリア」の概念を前提として，個人が職業能力を作り上げていくこと，すなわち，「関連した職務経験の連鎖を通して職業能力を形成していくこと」と捉えることが適当と考えられる。また，こうした「キャリア形成」のプロセスを，個人の側から観ると，動機，価値観，能力を自ら問いながら，職業を通して自己実現を図っていくプロセスとして考えられる。

働きがいのある職場づくりをテーマとする本章では，これらの定義をもとに，キャリア形成を「関連した職務経験の連鎖を通して職業能力・技能・職業的態度を形成していくこと」として捉える。

これまでの研究によって，働く個人が自分の望むようなキャリアを形成していくことは，「働きがい」ひいては「生きがい」「人生への肯定感」に結びつくことが確認されている（小野，2003）。キャリア形成を促進する職場の在り方を考えるうえで重要となる基本的知識として，組織で働く個人が乗り越えなければならないキャリア発達上の危機と，職場のサポート関係としての「メンタリング」に着目する。

［2］キャリア発達段階

シャイン（Schein, 1978）は組織内でのキャリア発達段階を以下のように9段階に分け，発達課題と心理・社会的危機を設定している。

①成長・空想・探求（0-20歳）
②仕事世界への参入（16-25歳）
③基本訓練（16-25歳）
④キャリア初期の正社員資格（17-30歳）

⑤正社員資格,キャリア中期(25歳以降)
⑥キャリア中期危機(35-45歳)
⑦キャリア後期(40歳から引退まで)
⑧離脱(40歳から引退まで)
⑨引退

　ここでは,初職に就いた直後の「②仕事への参入期」に生じる「リアリティ・ショック(現実ショック)」と,「⑤キャリア中期」から「⑦キャリア後期」への移行期に位置する「⑥中期キャリア危機」を取り上げる。
　リアリティ・ショックは「個人が仕事に就く際の期待・現実感のギャップに由来するもの(Schein, 1978)」である。職場で一人前になるためには,乗り越えなければならない一種の通過儀礼として捉えられている。
　新しい組織(職場)に参入した直後には,誰もが多かれ少なかれリアリティ・ショックを経験する。このショックを乗り越えること,すなわち不安や幻滅感を克服し,職場の文化や規範,服務規程を受け入れ,上司や同僚とうまくやっていけるようになることが「仕事への参入期」の課題である。
　近年,若年者の早期離職の傾向が継続していることが問題となっているが(独立行政法人労働政策研究・研修機構, 2007),リアリティ・ショックの克服を個人の課題として捉えるだけでなく,職場全体として新人をバックアップする制度の充実も重要である。
　「中期キャリア危機」は35歳から45歳の時期に位置づけられている。これまでの人生をふりかえり,青年期の夢や希望と比較して現実を評価し,このままキャリアを継続するか,別のキャリアに変更するのかの選択を行う時期である。
　自分の価値観,職業,家族関係などが改めて問い直され,生き方に惑いが生じる時期であるが,今後の自分の人生に必要な時期として位置づけることが重要である。長期的な視点で,生涯の生活設計を考えることが「中期キャリア危機」の課題である。
　この時期は個人が職場や家庭等でのさまざまな役割と責任を担う時期である。不確実性の高い経営環境下において企業・組織の人材育成の現場では,企業・組織内での自律的なキャリア開発が重視されるようになったが,組織内でのキャ

リア開発の全責任を自己責任として求めることには一定の限界がある。職場としてのサポートの在り方を検討する必要がある。

このような「危機」に対して，うまく対処できれば新たな自分に出会える可能性があり，うまく対処できないとその後不適応に陥る可能性があると考えられている。個々のキャリア形成を支援していくうえでは，個別の発達段階と危機への理解と配慮が必要となる。

［3］キャリア形成を促進する職場の支援関係

働く人のキャリア形成は職場の支援関係によって大きく影響を受ける。本項では，従業員のキャリア形成の視点から，働きがいのある職場づくりに資する職場の支援関係として，「メンタリング」を取り上げる。

1）メンタリングとは　仕事のあらゆる局面でさまざまな助言を与えてくれる人の存在は重要である。「人生経験が豊かで指導，教育，援助，助言などを行う役割を果たす人」はメンターと呼ばれ，メンターが行う支援行動はメンタリングと呼ばれる。メンターがメンタリングを行う対象はプロテジェと呼ばれ，一般に経験の浅いものが該当する。

メンタリングとは「メンターとプロテジェの間に職位や経験，知識の豊かさなどの上下関係と信頼関係が存在し，少なくともプロテジェより成熟している人が，現時点において未熟なプロテジェに対して行うキャリア形成および心理・社会的側面への支援行動（久村，2003）」と定義される，職場の支援行動のことである。

これまでの研究によって，メンタリングを行うことや受けることが個々人のキャリア形成を促進することが確認されている（藤井・金井・開本，1995）。

2）メンタリングの機能　メンタリングは大きくは「キャリア的機能」と「社会・心理的機能」の2機能によって構成される（Kram, 1985）。

図12-3に示したように「キャリア的機能」は「支援・推薦と可視性・訓練・保護・仕事の挑戦性の向上」から構成される。これらはプロテジェのキャリア形成（昇進や昇格など）を促進するための支援行動である。

「社会・心理的機能」は，「役割のモデル・容認と確認・カウンセリング・友好」から構成される。社会や組織におけるプロテジェ自身の能力，立場，役割，

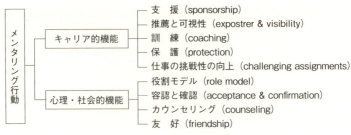

図12-3　メンタリング行動の構成概念（久村，1997）

アイデンティティへの理解を向上させ，人間的成長を促すことを目的とした支援行動であり，メンターとプロテジェの相互信頼や親密さをもとに提供される。

3）メンタリングのタイプ　組織（職場）で実施されているメンタリングは大きくは2つの軸で類型化される。

表12-2　メンタリングの分類

①公式メンタリング・非公式メンタリング	・公式メンタリング：人事制度などを通じて強制的（または半強制的）かつ公式的に行われる。 ・非公式メンタリング：組織で働く人々の間で自発的かつ非公式に行われる。
②伝統的メンタリング・部分的メンタリング	・伝統的メンタリング：1人のプロテジェに対して1人のメンターが必要となるメンタリング行動のすべてを提供する。 ・部分的メンタリング：複数のメンターが複数のプロテジェに対してメンタリング行動の一部の機能をそれぞれ提供する。

4）メンタリングとOJTの違い　OJT（on the job training）は人材育成の中心的な職場内教育である。その目的は，現在遂行しなければならない職務に必要な知識・態度・スキルの習得にあるため，短期的視点で行われる。

一方メンタリングの目的は，一個人が本人の望むべきキャリアを達成することにある。従って，メンタリングはOJTよりも広義的かつ連続的，長期的視点に立って行われる。

5）組織（職場）におけるメンタリングの制度的活用　近年，経営組織において制度的にメンタリングが導入されるようになった。導入目的は，①後継者育成やコア人材・専門職従業員の育成手段，②新入社員など，組織への新規

参入者の適応促進手段，③非公式なメンタリングへの参加が困難な人への対処手段，④若年者と年輩者のコミュニケーション改善，促進手段，⑤キャリア形成を考慮した人的資源開発手段としてなど多岐にわたる。

職場のメンタリングによって組織が受ける主な効果として次の5つが報告されている（関口，2009）。

① メンター，プロテジェ双方のキャリア満足，自己肯定感，自己効力感などが高まることによる業績向上。
② 職場あるいは組織内の円滑なコミュニケーションの促進。

表12-3 典型的なメンタリング・プログラムの流れ（久村，2003をもとに作成）

フェーズ	取組内容
1．プログラムの実施準備	・プログラム担当部門が経営上層部の理解と支持を取り，メンターの裁量権と責任の範囲を明確にする。 ・プログラム全体のフレームワークを作成する。 ・選抜，教育・訓練，マッチングの方法など，具体的な手続きを開始する。
2．告示と候補者の募集	・プログラムの存在，参加対象者，目的，期間などを満遍なく従業員に伝える。 ・応募については自薦，他薦のどちらも受け付ける。
3．メンターとプロテジェの選抜	・メンターとプロテジェの候補者との個人面接を実施。目的に沿った基準をもとに候補者を選抜する。
4．オリエンテーションと訓練	・選抜されたメンターとプロテジェに対して，プログラムの内容に関する情報を伝え，オリエンテーションを行う。 ・メンターとプロテジェに対してメンタリングを行う技法，受ける技法についての事前訓練を行う。
5．マッチング	・同じような職務に従事し，近接した職場で働いている者同士をマッチングする。 ・個人の希望を尊重するとともに，メンタリング関係がうまく機能しない場合にはペアを解消することを保証する旨を伝える。
6．実施とモニタリング	・ペアごとにメンタリングを実施する。 ・プログラム担当部門はメンタリングに関する相談窓口を設け，プロセスをモニターする。 ・問題が生じた場合には，プログラム担当者が適切な介入を行う。
7．プログラムの評価と修正	・プログラム全体の評価を，当事者に対するヒアリング，アンケート調査，ミーティングなどを通じて行う。 ・評価は第3者機関に依頼するのが望ましい。 ・評価の結果に基づきプログラムに修正を加える。

③メンターのもつスキル・知識・経験，企業固有の価値観などのプロテジェへとの共有，継承。
④優秀な人材の確保と維持。
⑤プロテジェの職場への早期適応を促進。

　公式メンタリングに焦点を当てた研究が蓄積されつつあり，現在，より効果的なメンタリングの活用を可能にするプログラムは，少なくとも「7段階」に基づき実施されることが指摘されている（久村，2003）。表12-3は典型的なメンタリング・プログラムの流れである。
　メンタリング・プログラムを成功，発展させるためには，運用において，メンターとプロテジェのマッチングに十分に配慮する必要がある。経歴や年齢などの表面的な属性のみでマッチングした結果，効果が得られないことや，逆効果になるケースもある。また，メンターとしての活動に対する正当な評価や報酬についての評価基準も十分に考慮する必要がある。

5．「働きがい」を失わせる職場のパワーハラスメント

　近年，暴力，暴言，脅迫や仲間外しなどのいじめ行為に悩む職場が増えている。「職場のパワーハラスメント」は，都道府県労働局への相談が増加傾向にあるなど，社会問題として顕在化しており，こうした行為は社員のメンタルヘルスを悪化させ，職場全体の士気や生産性を低下させることが指摘されている（厚生労働省，2012）。

表12-4　職場でパワーハラスメントに当たる具体的な行為
（厚生労働省，2012）

1	暴行・傷害など身体的な攻撃
2	侮辱・暴言など精神的な攻撃
3	隔離や無視をすること
4	不可能な仕事を強制すること
5	能力や経験とかけ離れた仕事を命じることや仕事を与えないこと
6	プライベートに過度に立ち入ること

「働きがい」のある職場をつくるためには，このような「働きがい」を阻害する要因を排除する取り組みも必要である。

［1］ パワーハラスメントとは

パワーハラスメント（＝パワハラ）とは「職場内で優位な立場にある上司や同僚が同じ職場で働く人に対し，業務の適正な範囲を超えて精神的・身体的な苦痛を与えたり，職場環境を悪化させたりする行為（厚生労働省，2012）」である。職場でパワーハラスメントに当たる具体的な行為は6つに分類される（表12-4参照）。

［2］ 職場のパワーハラスメント対策

1）職場のパワーハラスメント対策　厚生労働省（2012）は次のような提言をしている。

- 企業や労働組合はこの問題をなくすために取り組むとともに，その取組が形だけのものにならないよう，職場の一人ひとりにもそれぞれの立場から取り組む。
- トップマネジメントは，こうした問題が生じない組織文化を育てるために，自ら範を示しながら，その姿勢を明確に示す。
- 上司は，自らがパワーハラスメントをしないことはもちろん，部下にもさせてはならない。ただし，必要な指導を適正に行うことまでためらってはならない。
- 職場の一人ひとりに期待すること
  - 人格尊重：互いの価値観などの違いを認め，互いを受け止め，人格を尊重しあう。
  - コミュニケーション：互いに理解し協力し合うため，適切にコミュニケーションを行う。
  - 互いの支えあい：問題を見過ごさず，パワーハラスメントを受けた人を孤立させずに声をかけ合うなど，互いに支え合う。

2）職場のパワーハラスメント対策に役立つWebサイト情報　厚生労働省が開設する，職場のパワーハラスメントの予防・解決に向けたポータルサイ

ト「みんなでなくそう！ 職場のパワーハラスメント あかるい職場応援団」（運用開始：2012年10月1日）は，企業（職場）での予防，解決策を具体的に検討する際に参考になる。

①ポータルサイト URL

　　http://www.no-pawahara.mhlw.go.jp/

②主なコンテンツ

■なぜ，今パワハラ対策？：職場のパワーハラスメント対策の理念を紹介

■職場のパワーハラスメントを理解する3つの基本の解説

■他の企業はどうしてる？：対策に取り組んでいる企業の取組例を紹介

■裁判事例を見てみよう：関連する裁判例のポイント解説（連載）

■言い方ひとつで次が変わる会話術：職場で役立つコミュニケーションスキルの一例の紹介

■数字で見るパワハラ事情：労働局への相談件数や労災補償の状況など統計調査結果からパワハラの動向を紹介

引用文献

独立行政法人労働政策研究・研修機構（2007）．若年者の離職理由と職場定着に関する調査

藤井　博・金井壽宏・開本浩矢（1996）．ミドル・マネジャーにとってのメンタリング—メンタリングが心的活力とリーダーシップ行動に及ぼす効果　ビジネス・レビュー，*44*(2), 50–78.

Hackman, J. R., & Oldham, G .R. (1975). Development of the job diagnostic survey. *Journal of Applied Psychology, 60*, 159–170.

Hall, D.T. (1976). *Careers in organizations.* Santa Monica, CA: Goodyear.

久村恵子（1997）．メンタリングの概念と効果に関する考察：文献レビューを通じて　経営行動科学，*11*(2), 81–100.

久村恵子（2003）．メンタリング　宗方比佐子・渡辺直登（編）キャリア発達の心理学（pp.127–147.）川島書店

Kram,K. E., & Isabella, L. A. (1985). Mentoring alternative: The role of peer relationships in career development. *Academy of Management Journal, 28*, 110–132.

厚生労働省（2002）．キャリア形成を支援する労働政策研究会報告書

厚生労働省（2008）．労働に関するCSR推進研究会報告書（平成20年3月公表）

厚生労働省（2012）．職場のパワーハラスメントの予防・解決に向けた提言取りまとめ

（平成24年3月公表）

厚生労働省（2014）．働きやすい・働きがいのある職場づくりに関する調査報告書（平成26年5月公表）

小野公一（2003）．働く人々のキャリア発達と生きがい　ゆまに書房

小野公一（2005）．組織設計と職務設計：働きやすい仕事と環境を作る　産業・組織心理学（pp.205-227.）　白桃書房

小野公一（2011）．働く人々のwell-beingと人的資源管理　白桃書房

Schein, E. H. (1978). *Career dynamics: Matching individual and organizational needs.* Reading, MA: Addison-Wesley.（二村敏子・三善勝代（訳）（1991）．キャリア・ダイナミクス　白桃書房）

関口和代（2009）．メンタリングとコーチング　産業・組織心理学会（編）　産業・組織心理学ハンドブック（pp.68-71.）　丸善出版

谷田部光一（2012）．人材マネジメントと働きがい　政経研究, *49*(2), 155-187.

第3部
職場での取り組み実践・応用編

　第3部では，労働者のメンタルヘルス維持・向上に有効であるとされる実践的技法や対応法などを紹介する。近年，職場でのメンタルヘルス研修や，休職者の復職支援プログラムで活用されている「認知行動療法」の理論的枠組みについて説明したうえで，その一技法である「問題解決療法」を第13章で，「マインドフルネス」について第14章で紹介する。また，第15章では，メンタルヘルス不調による休職者への職場復帰支援における課題と各関係者による対応のポイントについて解説する。

第13章　認知行動療法

　本章では，認知行動療法（Cognitive Behavior Therapy；以下，CBT）の基本的な理論的枠みと，CBTの一技法である問題解決療法について事例を用いて紹介する。

1．認知行動療法とは

　認知行動療法は，本来，行動療法と認知療法という異なった系譜をもつ心理療法である。行動療法は，「学習の原理」に基づいた療法である。「学習の原理」では，人の行動は環境と行動の相互作用によって，その生起頻度が増減すると考える。つまり，図13-1に示したように，先行刺激（Antecedent Stimulus）－行動（Behavior）－結果（Consequence）の三項随伴性の枠組みで，行動の生起・維持要因を明らかにしようとするものである。たとえば，職場で朝，同僚に出会ったとき（先行刺激）に，「おはようございます」と挨拶をする（行動）と，相手が返事を返してくれれば（結果），また，次の日も同じように挨拶をする行動が生起する。しかし，挨拶をしても（行動），相手が返事をしてくれなかったら（結果），次の日は挨拶しにくくなくなるだろう。このように，先行刺激や結果という環境と行動の相互作用により，行動の増減が変

図13-1　「学習の原理」に基づいた行動の増減の仕組み

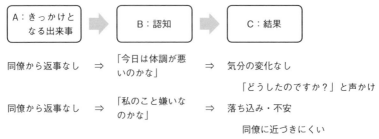

図13-2 「情報処理理論」に基づいた問題生起の仕組み

化すると考える。よって，行動療法では，主に不適切な行動の修正，適切な行動を学習し，個々が置かれている環境に適応することを目的としている。

　認知療法は，情報処理理論に基づく心理療法である。図13-2に示したように，きっかけとなる出来事（Activating Event）に対する認知（Belief）が，非機能的なものである場合，結果（Consequence）として問題を引き起こすと考える。

　たとえば，職場で朝，同僚に出会い，「おはようございます」と挨拶したとき，相手から返事がなかった場合（きっかけとなる出来事），「今日は体調が悪いのかな」と考える（認知）と，気分を害することなく相手に「どうしたのですか？」と声を掛けるという行動を取ることになる（結果）。しかし，「私のこと嫌いなのかな」と考える（認知）と，落ち込みや不安などの感情が湧いてきて，その後，同僚に近づきにくくなるだろう（結果）。

　よって，認知療法では，主に非機能的な認知の修正，機能的な認知の学習を目的としている。

　このように，行動療法，認知療法ともに，問題は環境と人の反応の相互作用によって生起すると考えることから，近年，図13-3に示したような統合システムから理解するようになり，認知行動療法と呼ばれるようになった。刺激に対する人の反応システムとして「行動的反応」「認知的反応」「感情的反応」「身体的反応」が存在し，それらが内部で相互作用を起こし，その反応が結果を生起させ，再び，刺激となるというように環境と反応の相互作用の連鎖が起こっていると考える。問題が存在している場合は，この統合システムが悪循環を形成していると考える。先ほどの例を用いて説明する。職場で朝，同僚に出

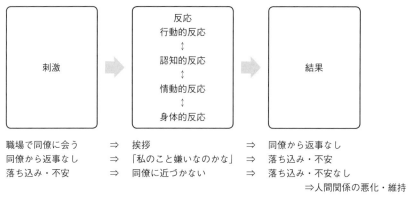

図13-3 「統合システム」に基づいた問題生起・維持の仕組み

会い(刺激),「おはようございます」と挨拶(行動的反応)をしても,相手が返事をしてくれなかった(結果)。相手が返事をしてくれなかった(刺激)ことにより,「私のこと嫌いなのかな」と考える(認知的反応)と,落ち込みや不安などの感情が沸く(結果)。そして,その感情(刺激)が,同僚に近づかない(行動的反応)という反応を引き起こし,落ち込みや不安が取り除かれる(結果)ことにより,益々,同僚に近づかなくなり,人間関係が悪化・維持されていってしまうと考えることができる。

認知行動療法は,このような悪循環を引き起こしている統合システムを機能的・適応的に循環させるため,環境を統制したり,個人内部の反応システムを修正することを目的とし,うつや不安,睡眠や食習慣等の改善に有効性が実証されている。また,1990年代になると,東洋的発想が組み込まれた認知行動療法が考案され,注目を集めている。詳細については,第14章に譲ることにする。

2. 問題解決療法

認知行動療法の一技法である問題解決療法を紹介する。問題解決療法は,適応的・機能的にシステムを循環させるために有効な問題解決スキルを体系化したプログラムである。1980年頃から,欧米を中心にうつ病の治療法として開発され,その後,その効果が実証されている(D'Zurilla & Nezu, 1982, 1999;

D'Zurilla, 1986 ; Mynors-Wallis, 1995)。その後，ストレス・マネジメント，人間関係，アルコールや喫煙，肥満などの問題解決にも有効であることが示されている（丹野ら，2004）。日常生活で直面する困難な問題を「社会的問題」と呼ぶ（D'Zurilla & Nezu, 1982）。そして，社会的問題解決は，「毎日の生活の中で直面する問題場面を処理するための効果的手段を識別し，発見する認知行

> 事例：仕事と家庭の両立に悩むAさん
> 【ケース概要】Aさん，30代後半，女性，IT企業に中途入社の中堅社員
> 　家族構成：夫（会社員），Aさん，息子（小2），娘（保育園，年長）。近所にAさんの実家があり，父母ともに健在で，娘の保育園の送迎をしてくれたり，おかずの差し入れをしてくれる。3年前に前職と同じIT関連会社に転職した。前職での実績を評価され，新規プロジェクト・リーダーに抜擢された。
> 【経過】子どもの保育園の送迎は，近所に住む実家の祖父母がしてくれるため，Aさんは，平日は始業の1時間前には出社し，3,4時間は残業をしていた。制度的には週休2日であるが，休日のいずれかは出社して，溜まっている仕事をこなしていた。リーダーに抜擢されて3か月を経過した頃から，月100時間を超える過重労働となる。子どもの保育園の送迎以外の家事と育児は，ほぼAさんが担っていた。Aさんの夫は，「料理と掃除は苦手だから，洗濯はやるよ」と言ってくれ，平日は洗濯をしてくれる。Aさんは，夫に対して有難いと思いつつも，「いい奥さん・お母さんになれなくて，家族に申し訳ない」と考え，申し訳なさのほうが大きく，平日の深夜と休日は，洗濯，掃除，料理，買い物の注文等をこなしていた。休日も子どもたちのお稽古ごとの送迎，宿題を見たり，学校のプリントや書類書きなどがあり，休む暇がない。「子どもたちにも寂しい思いをさせたくない」と考えると，じっとしていられない。慣れないプロジェクトを成功させるために必死だったが，過酷な労働により，仕事の能率が徐々に低下していった。そうなると余計に残業時間が膨れ上がり，マネジメント不全に陥り，本来，部下に指示を出すべき仕事を徹夜でAさんがやらなくてはいけないほど，状況が悪化してしまった。リーダーに抜擢されて10か月後に体調不良を訴え，仕事を休むようになった。同時に持病である婦人科系疾患を悪化させてしまった。
> 【過重労働の背景】Aさんの会社は，男性が8割を占める。女性がリーダーに抜擢されることは，非常に珍しいことであった。近年の政策の中で，「管理職における女性の割合を引き上げること」が掲げられたことを受けて，候補者の中で唯一，女性であったAさんがリーダーを任されたという経緯がある。常に「だから，女性にリーダーは務まらないと思われてはいけない」「女性にマネジメントはできないと思われてはいけない」と考え，プレッシャーを感じていた。このような状況になるまで，Aさんは誰にも相談できずに，ひとりで抱え込んでしまった背景には，「管理職なのだから，周りの男性管理職の方と同じように残業を苦にしてはならない」「他の女性社員のお手本になるような管理職にならなくてはならない」という思いが強く，会社では同じ立場の管理職の男性社員や，部下の女性社員にも弱音を吐くことができなかった。

動的プロセス」とされている。問題解決療法の特徴は，日常生活で繰り返される些細な問題から，一生に遭遇するかしないかわからない大きな問題までを扱い，「今日からできる問題解決」を見つけることにある。ここでは，仕事と家庭の両立に悩むAさんの事例を用いて，問題解決の5つのスキルをご紹介する。現代社会において，男女問わず，ワーク・ライフ・バランスは，心身の健康維持に関連する重要なキーワードである。

　第1節で紹介した統合システムで，Aさんの事例を考えみると，図13-4に示したように，仕事においては，女性としてリーダーに抜擢されたのを機に，「だから，女性にリーダーは務まらないと思われてはいけない」「女性にマネジメントはできないと思われてはいけない」「管理職なのだから，周りの男性管理職の方と同じように残業を苦にしてはならない」「他の女性社員のお手本になるような管理職にならなくてはならない」等の反応を引き起こし，早朝に出勤し，残業，休日出勤をするようになったと考えられる。また，家庭において

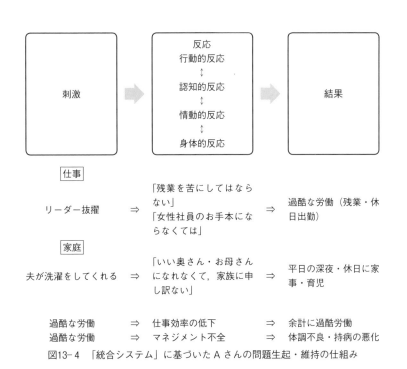

図13-4 「統合システム」に基づいたAさんの問題生起・維持の仕組み

も，夫が家事をしてくれた際，有難いと思いつつも，「いい奥さん・お母さんになれなくて，家族に申し訳ない」と考え，平日の深夜や休日を家事や育児に充てている。そのような過酷な労働により，仕事の効率を低下させ，余計に仕事が溜まっている状態に陥っている。さらに，マネジメント不全になり，最終的に体調不良，持病を悪化させるという結果を導いてしまっている。このように，統合システムの枠組みを用いて，Aさんが抱える問題がなぜ生起・維持しているのかを考えてみることから，支援がはじまる。このように，理論的枠組みに基づいて，問題の生起・維持要因について分析することを，専門的には機能分析と呼ぶ。

　以上のような悪循環を機能的・適応的な循環に修正するため，問題解決の5つのスキル（問題の明確化，目標設定，解決策の創出，意思決定とSMART目標の設定，結果の評価）に沿って，順にポイントを解説していくことにする。

[1] 問題の明確化

　問題を整理し，その中から取り扱うべき問題を明確にしていくためには，「問題」の定義の仕方が重要な鍵となる。

　ズリーラら（D' Zullira & Goldfried, 1971）は，「問題（problem）とは，図13-5に示したように，What I want『～したい』／What should be『～すべき』という『理想』と，What is『現実』の差（ギャップ）であり，有効な解決策をとることのできない状態」と定義している。つまり，現在の状態（What is）を明確にするだけでは不十分であり，「これを問題であると捉えるのは，自分がどうしたい，どうすべきと考えているからか」を自問自答する必要がある。

　問題解決療法では，問題解決のプロセスを客観的に把握するために，表13-1のワークシートを用いて可視化していく。一番左の列に，「問題」を整理する欄が設けられている。まず，「現在の状態」の欄に，現在抱えている問題をすべて書き入れる。そして，その下の「理想の状態」の欄に，自分はどうしたいと思っているのか（What I want），どうすべきだと思っているのか（What should be）を記入する。

　Aさんの問題を整理してみると，現在の状態は，「過酷労働（残業・休日出

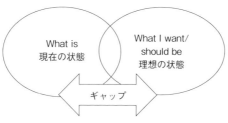

図13-5　問題の定義（D'Zullira & Goldfried, 1971)

勤)，平日の深夜と休日に家事・育児，仕事効率の低下，マネジメント不全，体調不良，婦人科系の疾患の悪化」などが考えられる。一方で，理想の状態は，「残業を苦にしてはならない」「女性社員のお手本にならなくてならない」「いい奥さん，お母さんになりたい」「子どもに寂しい思いをさせたくない」が考えられる。このように整理してみると，Aさんは，女性リーダーとしてプロジェクトを成功させること，家族のための時間に価値をおいているからこそ，現在の状態が生じていることが明確になる。

[2] **目標の設定**

「問題を明確化」の段階で明らかになった，自身が価値をおいているものを考慮しながら，目標を設定する。Aさんは，女性リーダーとしてプロジェクトを成功させること，家族のための時間も大切にしたいという思いが強い。しかし，今後もこの2つのみを重視した生活を継続すると，図13-4のような悪循環から抜け出すことは困難であるのは明らかである。よって，ワークシートに書き出された，体調不良，持病の悪化という問題の存在にも意識を向けることが重要となってくる。「プロジェクトの成功」「家族のために労を惜しまない」というAさんの価値観も考慮しつつも，健康を維持するために，より現実的な目標を設定する必要がある。

そのときに役立つ方法が，〈最悪の結末（worst story）を考える〉である。最悪の結末を考えることは，目標設定と矛盾しているようだが，最良の結末（best story）に囚われてしまったときに，頭のなかで"イノベーション"を起こしてくれる良い方法である。常に最良の結末を目指すことが望ましいかもしれないが，状況や健康状態等により，最良の結末を目標にし続けると，悪循環

表13-1 問題解決療法のワークシート

問題の明確化	目標の設定	解決策の創出
現在の状態 過酷労働（残業・休日出勤），平日の深夜と休日に家事・育児，仕事効率の低下，マネジメント不全，体調不良，婦人科系の疾患の悪化	①ひとりで抱え込まずに，チームで協力しながらプロジェクトを成功させる	①の解決策 ・部下の分担をノートに書き出す ・部下に仕事を依頼する ・部下をランチに誘う ・毎日10分ミーティングを行い，進捗を報告し合う ・男性リーダーに仕事のコツを尋ねてみる ・男性リーダーをランチに誘う ・休日出勤をしない ・平日の残業は2時間（朝1時間・夕方1時間）までにする
理想の状態 「残業を苦にしてはならない」 「女性社員のお手本にならなくてならない」 「いい奥さん，お母さんになりたい」 「子どもに寂しい思いをさせたくない」	②少しだけでもよいので，家族との時間を確保する	②の解決策 ・食事は家族で一緒に食べる ・子どもと一緒にお風呂に入る ・一緒にテレビを見る ・子どもの長期休みに，動物園にいく約束をする
	③体を休める時間を確実に確保する	③の解決策 ・夫に洗濯をしてもらう ・子どもの宿題は夫に見てもらう ・買い物はネット注文を利用する ・子どものお稽古ごとの送迎を夫や両親にお願いする ・仕事をしない日をつくる ・病院に行く

結果の評価　○月△日の昼休みに男性リーダーBさんに仕事のコツを尋ねてみた。	
良かったこと・良い影響 ・困ったときの具体的な対処について知ることができた ・リーダー同士で情報交換でき，気持ちが落ち着いた ・女性リーダーだからといって，ひとりで頑張る必要はないと思えた	**困難だったこと・悪い影響** ・Bさんの休憩時間を取ってしまって，少し申し訳ない気持ちになった

から抜け出せなくなることがある。

Aさんの場合の最悪の結末（worst story）は，縁起でもないが，「体調・病気が悪化し，プロジェクトが中断し，家族にも何1つしてあげられなくなる状態になる」等が考えられる。最悪の結末を考えてみることで，「ひとりで抱え

こまずに，チームで協力しながらプロジェクトを成功させる」「少しだけでもよいので，家族との時間を確保する」「体を休める時間を確実に確保する」の３つの目標設定が可能になった（表13-1中央の欄）。このように，最悪の結末（worst story）を考えることは，理想的な結末（best story）ではなく，最悪な結末以外の現実的な目標（good story）にも視野を広げる助けとなるのである。

[３] 解決策の創出

　ひとたび，目標が設定されたら，代替可能な解決策の創出を試みる。ここで重要なのは，過去の経験や慣習によって形成された思考の枠組みの外にまで思考を拡散させ，可能な限り多くの解決策を創出することである。ネズら（Nezu & Roman, 1987）は，抑うつ気分が強い者は，創出する解決策の総数が少なく，問題解決に非効果的な解決策を選択する傾向が強いことを明らかにしている。つまり，抑うつ気分が強い者は，数少ないなかから非効果的な解決策により問題解決を図るため，問題が解決されない状態が継続し，より抑うつ気分が維持されるという悪循環に陥っていると考えられている。

　では，どのようにして，思考を拡散されればよいのだろうか。問題解決療法では，「ブレーンストーミング」という３つのルールに従って解決策を創出する。「ブレーン」とは脳，「ストーミング」とは嵐，つまり，「脳の中に嵐を起こす」という意味である。これまでの自分の「思考の枠組み」に囚われず，枠外にまで思考を拡散させることにより，問題解決の糸口となる方法に出会える可能性を高めるのである。

　３つのルールとは，「判断後回しのルール」「数のルール」「バラエティのルール」である。効果的な解決策を創出するためには，まず，現在の体力や気分，サポート資源や経済状況等により実行可能か否かを判断することなく（「判断後回しのルール」），可能な限り多くの解決策を創出して書き出していくことが重要となる（「数のルール」）。さらに，抽象的に表現された解決策は実行可能性を低めるため，具体的な行動を記述していくことによって，バラエティを増やすこと（「バラエティのルール」）が重要である。たとえば，「部下と協力する」ではなく，協力するために何ができるかを考え，「部下の分担をノート

に書き出す」「部下に仕事を依頼する」「部下をランチに誘う」「毎日10分ミーティングを行い，進捗を報告し合う」など，具体的な方法を書き出す必要がある（表13-1右の欄）。

以上の「問題の明確化−目標の設定−解決策の創出」の関係性を記述することを専門的に「問題の定式化」と呼ぶ。3つの段階を繰り返し，行き来することにより，さらに問題が明確になり，現実的な目標に洗練されていき，解決策のレパートリーが広がっていくとされる。

［4］意思決定とSMART目標の設定

先述したように，問題解決療法では「今日からできる問題解決」のために，解決策のリストの中から実行する解決策を選択し，実行に移すことのできるよう準備しておく必要がある。そのために，有効な方法として，①解決策のメリット・デメリットの評価，②SMART目標の設定がある。

Aさんは，常に「だから，女性にリーダーは務まらないと思われてはいけない」「女性にマネジメントはできないと思われてはいけない」と考え，誰かに相談すれば「頼りないと思われる」と考えていた。しかし，表13-2のワークシートを使用することによって，解決策のデメリットだけでなく，メリットにも気づくことが可能になる。また，そのメリット・デメリットが現在の自分にとって，どれぐらい重要であるかを評定することも有効である。最も重要であれば（3），重要であれば（2），少し重要であれば（1），重要でなければ（0）と評価する。そして，メリットの合計得点からデメリットの合計得点を引き，得点がプラスであれば"メリットが大きい方法である"，得点がマイナスであれば"デメリットが大きい方法である"と判断する材料とする。Aさんの場合，「お互いの知識や技術を共有できる（3）」「自分ひとりで悩まずに済む（3）」「協力し合える可能性（3）」「共感し合える可能性（2）」というメリットがあることを意識することで，「男性リーダーに仕事のコツを尋ねてみる」という解決策の有効性を適切に判断することが可能になっている。

次に，選出した解決方法をSMART目標に変換しておく。SMARTのSは，「Specific：明確である」である。その行動を実行している自分の姿がイメージできるぐらい具体的になっていることが重要である。たとえば，「男性リー

表13-2 解決策のメリット・デメリットの評価およびSMART目標の設定用ワークシート

解決策：男性リーダーに仕事のコツを尋ねてみる		
メリット ・お互いの知識や技術を共有できる（3） ・自分ひとりで悩まずに済む（3） ・協力し合える可能性（3） ・共感し合える可能性（2）	デメリット ・他のリーダーや部下に頼りないと思われる可能性（2）	SMART目標 ✓「Specific: 明確である」 ✓「Measurable: 測定できる」 ✓「Achievable: 達成可能である」 ✓「Relevant: 問題と関連している」 ✓「Timed: 時間制限がある」 ↓ 明日のお昼休みに，男性リーダーBさんに，「仕事のコツを教えて欲しい」と声をかけてみる
メリット（11）－デメリット（2）＝（＋9）		

ダーとコミュニケーションをとる」という解決策は，まだ明確な表現とはいえない。「何をしたらコミュニケーションをとることの一歩となるか？」と自問自答すると，「男性リーダーBさんに，『仕事のコツを教えて欲しい』と声をかけてみる」などが考えられる。解決策を実行に移すためには，ここまで，行動を明確にしておく必要がある。

SMARTのMは，「Measurable: 測定できる」である。実行できたか否かを確認できる表現になっている必要がある。先述したように，抽象的な行動は実行に結びつきにくいため，「コミュニケーションをとる」等の表現や，「仕事を進める」「ちゃんとする」「ダラダラしない」「がんばる」「気持ちを落ち着かせる」という抽象的な表現は避ける必要がある。よって，「何をしたら仕事が進んだと思えるのか？」「どのようにできたらダラダラしなかったと思えるか？」と再度考えてみることが重要である。たとえば，ダラダラしないは，「12時までに布団に入る」「11時以降はインターネットを触らない」「2時間以上テレビを見ない」のように表現しておく。気持ちを落ち着かせる行動は「深呼吸をする」「音楽を聴く」「お茶を飲む」「同僚に話を聞いてもらう」などが考えられる。

SMARTのAは，「Achievable: 達成可能である」である。あれもこれもとすべきことをもりだくさんにしてしまうと実行できない可能性があるため，スケジュールや体調等を考慮して，6～8割程度，達成できる自信がある量や内容にしておくとよい。

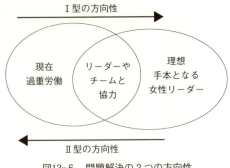

図13-6　問題解決の2つの方向性

　SMARTのRは，「Relevant: 問題と関連している」である。達成可能な解決策あっても，問題解決に有効な解決策を実行しなくてはならない。

　SMARTのTは，「Timed：時間制限がある」である。1週間ぐらいの短いスパンで達成できる行動目標を立てることが大切である。Aさんの場合は，「明日のお昼休み」と決めている。「いつか」ではなく，「この1週間の間に何ができるか？」と考えることが重要である。

[5] 結果の評価

　最終的に解決策を実行した結果，現在の状態と理想の状態とのギャップに意味のある変動をもたらしたかどうかを評価する必要がある。

　問題解決には，現在の状態を理想の状態に近づけるI型の方向性と，逆に，理想の状態を現在の状態に近づけるII型の方向性がある。Aさんの場合，「明日のお昼休みに，男性リーダーBさんに，『仕事のコツを教えて欲しい』と声をかけてみる」を実行した結果，「Bさんの休憩時間を取ってしまって，少し申し訳ない気持ちになった」と否定的な評価もあった（表13-1下欄の右側）が，「困ったときの具体的な対処について知ることができた」「リーダー同士で情報交換でき，気持ちが落ち着いた」「女性リーダーだからといって，ひとりで頑張る必要はないと思えた」という肯定的な評価（表13-1下欄の左側）も得られ，「残業を苦にしてはならない」「女性社員のお手本にならなくてならない」というWhat should be「〜べき」という考えが，「他のリーダーやチームの人たちと協力してプロジェクトを進めればいい」と考えることにつながった。

つまり,最終的に,Ⅱ型の方向に円が動いたことにより,悪循環を脱する糸口になったと考えられる。

3. 問題解決療法の効果

近年,問題解決療法は,メンタルヘルス不調による休職者の復職支援プログラムの一環として利用されたり,メンタルヘルス維持・向上を目的としたセルフケア・ラインケア研修等でも活用され,その効果が実証されている。

本岡(2007)の研究では,某総合病院神経精神科において,うつ病や不安障害等の診断を受け,主治医より精神症状が緩和し回復傾向にあると判断された外来患者8名を対象に,問題解決療法を個別面接式で実施した結果,図13-7に示したように,施行する前と比較して,抑うつ度(BDI),不安度(STAI),心配度(PSWQ)が緩和されることを明らかにした。個別面接形式の問題解決療法は,個々のペースに合わせて進めることが可能であるため,抱えている問題が複雑であったり,プライバシーを配慮する必要があるケースに適している。

また,事業場外のEAP(employee assistance program;従業員支援プログラム)機関における復職支援プログラムでは,主にうつ病による休職者を対象に集団問題解決療法を施行した。本岡ら(2010)の研究では,11名(男性8名,

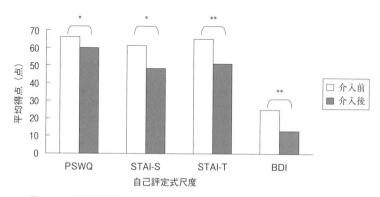

図13-7　個別面接式の問題解決療法施行前後の心配・不安・抑うつの変化
(ここで,PSWQ＝心配度,STAI-S＝状態不安,STAI-T＝特性不安,BDI＝抑うつ度
$^{*}p<.01$; $^{**}p<.001$で有意)

女性3名，平均年齢39.8歳）を対象に，集団問題解決療法を実施した結果，プログラム参加前と比較して参加後において，①問題に対して積極的な捉え方をする傾向，②問題に対して適用可能な解決策の選択肢を評価し，個人にとって最良の解決策を選ぶ傾向，③解決策の成果を評価し選択した解決策の有用性を日常生活の中で検証しようとする傾向，が強くなった。また，本岡ら（2011）においても，7名（全員男性，平均年齢40.9歳）を対象に，集団問題解決療法を実施した結果，プログラム前と比較してあとでは，抑うつと不安感が緩和し，自尊感情と自己効力感，人生満足感が向上した。集団問題解決療法は，普段，知りえない他者の価値観に触れたり，参加者同士で解決策のアイデアを出しあうことにより，視野や解決策のレパートリーを広げるのに有効に働く。

4．まとめ

　認知行動療法は，環境と個人の相互作用による総合システムとして問題を捉える。適応的・機能的な統合システムを循環させるための1つの技法として問題解決の効果が実証されてきている。問題解決療法は，問題の明確化，目標の設定，解決策の創出，意思決定とSMART目標の設定，結果の評価の5つの問題解決スキルから構成されている。そして，問題解決の方向性として，現在の状態（What is）を理想の状態（What I want／What should be）に近づけるⅠ型の方向性と，理想の状態（What I want／What should be）を現在の状態（What is）と調和させるⅡ型の方向性がある。現在，個人レベルだけでなく，組織全体の問題解決へも応用の可能性が検討されている。環境と個人，環境と組織の好循環を促す糸口を見つける方法として活用が期待されている（問題解決療法を用いたさまざまな事例については明智ら（2009）を参照されたい）。また，産業現場のメンタルヘルス活動を支援しているNPO法人大学院連合メンタルヘルスセンター（http://www.mental-health-center.jp/）や，問題解決療法を研究し普及活動を行っている組織「SOLVE（ソルブ）」では定期的に一般向けと専門家向けのワークショップを開催している（http://pst.grappo.jp/）。

引用文献

明智龍男・平井　啓・本岡寛子（2009）．不安と抑うつに対する問題解決療法　金剛出版

D'Zurilla, T. J. (1986). *Problem-solving therapy: A social competence approach to treatment.* Chichester, UK: Wiley.

D'Zurilla, T. J., & Goldfried, M. R. (1971). Problem solving and behavior modification. *Journal of Abnormal Psychology, 78*, 107-126.

D'Zurilla, T. J., & Nezu, A. (1982). Social problem solving in adults. In P. C. Kendall (Ed.), *Advance in cognitive-behavioral research and therapy, 1*, 201-274. New York: Academic Press.

D'Zurilla, T. J., & Nezu, A. M. (1999). *Problem-solving therapy: A social competence approach to clinical intervention* (2nd ed.). New York: Springer.

本岡寛子（2007）．問題解決モデルを基盤とした心配のアセスメント及び介入に関する心理学的研究　関西学院大学審査博士学位論文

本岡寛子（2011）．がん患者への認知行動療法　中島恵子（編）リハビリテーションの効果をあげる認知行動療法　*Monthly Book Medical Rehabilitation*, No.138, pp. 53-58.　全日本病院出版会

本岡寛子・長見まき子・藤原和美（2011）．復職支援プログラム参加者を対象とした集団問題解決療法の有用性―問題解決に伴う社会的問題解決能力と情緒状態の変化―　関西福祉科学大学 EAP 研究所紀要, *5*, 17-26.

本岡寛子・三戸秀樹・長見まき子・藤原和美（2010）．復職支援プログラム参加者への集団認知行動療法の適応　関西福祉科学大学 EAP 研究所紀要, *4*, 21-30.

Mynors-Wallis, L. (1995). problem-solving treatment: Evidence for effectiveness and feasibility in primary care. *International Journal of Psychiatry in Medicine, 26*(3), 249-262.

Nezu, A., & Roman, G. (1987). Life stress, current problem, problem solving and depressive symptom: An integrative model. *Journal of Consulting and Clinical Psychology, 53*, 693-697.

丹野義彦・長谷川寿一・熊野宏昭・久保木富房・坂野雄二（2004）．認知行動療法の臨床ワークショップ〈2〉アーサー＆クリスティン・ネズとガレティの面接技法　金子書房

第14章　マインドフルネス研修へのヒント
文脈的認知行動療法における「モノ化」エクササイズ

　マインドフルネスとは近年注目を集めるメンタルヘルスのキーワードである。米国のニュース雑誌 TIME は2014年に「The Mindful Revolution」と題して，マインドフルネスに関する特集を組んでいる。また Google 社は2005年ごろより，マインドフルネスに関するワークショップを社内に導入しはじめ（サンガ編集部，2014），同様にマインドフルネスの実践は Intel 社，ゴールドマン・サックス社などの他の大企業においても社員研修の一環として導入されている。

　おそらく，マインドフルネスが社会でここまで注目されるようになった背景として，1つには1990年代ごろになり当時すでに効果が認められた心理療法であった認知行動療法が，マインドフルネスという発想や技法（Kabat-Zinn, 1990）を導入しはじめたことが大きいだろう。マインドフルネスを導入した認知行動療法には，マインドフルネス認知療法（Segal et al., 2001），弁証法的行動療法（Linehan, 1993），アクセプタンス＆コミットメント・セラピー（Hayes, Strosahl, & Willson, 2012）などが挙げられる。そして，そのいずれもが実証的な研究によって，うつ，不安，疼痛，パーソナリティ障害などさまざまな対象に対し効果を有することが示されている。そうしたマインドフルネスを導入した新たなタイプの認知行動療法は，特に人間の心理的側面に関して「問題となっているものごとを変化させる」ことを重視する発想から，東洋で伝統的に育まれてきた「ものごとのあるがままを受け入れる」ことの重視へと発想を切り替えている。言い換えるなら「変化」のための技法を超え「変化と受容（アクセプタンス）」の技法が注目されるようになったのである（Linehan, 1993）。その際の「受容」という側面において「マインドフルネス」というキーワードが用いられている。

　本稿では，こうしたマインドフルネスを導入した新たなタイプの認知行動療法の観点から，具体的にマインドフルネスの技法を取り上げ詳しく紹介し，産

業領域におけるマインドフルネス研修を実施するためのヒントを提供したい。

1. 文脈的認知行動療法

　認知行動療法は実証的な基盤を有し，エビデンスに基づく心理療法として大きく発展してきた。なかでも近年特に注目されているのが「認知行動療法の文脈的アプローチ」もしくは「文脈的認知行動療法 contextual cognitive behavioral therapy（以下，文脈的CBT）」と呼ばれるグループである（Hayes, 2004; Hayes et al., 2011）。文脈的CBTとは，マインドフルネスを導入したさまざまなCBTを含み込む新しいタイプのCBTである。文脈的CBTのもつ特徴は，マインドフルネスという概念とCBTをつなぐものであるため，ここでは文脈的CBTのもつ5つの特徴を以下に紹介する。

　1）文脈と機能を重視する　　従来，認知行動療法（以下，CBT）では，ネガティブな思考の内容（例：「自分は何をやってもダメだ」）をよりその人にとって生きやすい内容（例：「今回はダメだったが，うまくいったことも何回かあった」）に置き換える，もしくは，ネガティブな感情を緩和させること（例：不安，うつの低減）を重視してきた。文脈的CBTでは，思考の内容を変えようとするのではなく，思考とその人との関係性，言い換えるなら思考がもつ機能を変化させようと試みる。たとえば，「自分は何をやってもダメだ」という考えがあった際に，それに囚われ何もしない状態から，「ダメだ」という考えの存在に気づきそれを脇においておきつつやるべきことを実行できるよう支援する。文脈的CBTにおいて重要なのは，内容ではなくその機能なのである。

　2）診断横断的に人間の機能を高める　　従来，CBTは特定の症状や問題の軽減を目的として発展してきた。これに対し文脈的CBTでは，特定の症状の低減を直接目指すというよりも，クライエントの人間としての機能を高めクライエントがより幅広く柔軟な生き方ができるよう支援する。ここでのクライエントの人間としての機能とは，感情の調整や思考との付き合い方，観察者としての自己の感覚や人生の方向性を見定めアクションを実行できることを意味している。

3）理論や技法はセラピスト側にも向けられる　文脈的 CBT においては，セラピストは「絶対的な治療者の視座」に立つものではない。セラピストもクライエントも「同じ人間」であり，ときにはセラピストの側が面接のなかで不安を感じたり，落ち込みを体験することも自然なことである。そのようにセラピストの人間的な側面を受け入れたうえで，クライエントに関わる際のセラピスト自身の（心理的・行動的な）所作もまた，セラピスト自身にとっての介入の対象となる。

4）従来の CBT の延長線上に位置づけられる　文脈的 CBT は，これまでの CBT が積み上げてきた原理や技法を相対化するようなものではない。むしろ，文脈的 CBT としての特徴をもったうえで，適宜，従来 CBT で培われてきた技法（例：エクスポージャー，行動活性化）を用いていくものである。

5）人間における大きなテーマについても積極的に扱う　CBT の最も初期の形である行動療法では，主に動物を対象とした実験成果に基づいた原理と技法がストイックに重視され，技法や理論には制限があった。その後，認知療法および CBT が登場したことで，人間の思考（いわゆる認知）が積極的に扱われるようになり，より人間としての高次な現象が捉えられるようになった。しかしながら，従来，CBT は「人が何のために生きるのか」「わたしとは誰なのか」といった問いに答えるようなものではなく，敢えてそうした問を避けることで堅実な科学性を維持しようと努める傾向にあった。しかし文脈的 CBT では，CBT の哲学的な土台を見直し，人間の思考や言語に関する核となる現象を突き止めることによって，従来，CBT において敬遠されがちであった，より人間的な概念（例：スピリチュアリティ，価値，自己）をも対象とするようになった。結果的に，文脈的 CBT は，ゲシュタルト療法やフォーカシングなども含めた，伝統的に実践されてきたさまざまなオリエンテーションの技法を柔軟にその実践に取り入れることを可能とした。

　これら 5 つの文脈的 CBT の特徴は，マインドフルネス研修を行ううえで，トレーナーが意識的に理解しておくべきポイントでもある。マインドフルネスはその技法の形式にトレーナーや参加者の目を引き付け過ぎることで，目指すべき方向や意義を見失わせがちかもしれない。次節では，マインドフルネスとは何であるかを解説し，文脈的 CBT との関連について触れる。

2．マインドフルネスとは

[1] マインドフルネスの由来

　マインドフルネス（mindfulness）という言葉の由来は，原始仏教の経典で用いられていた言語，パーリ語の「サティ（sati）」にあり，1880年代にそれが"mindfulness"と英訳されたことが始まりだとされる（菅村，2015）。サティは漢語では「正念（もしくは念，憶念）」と訳され，これは仏教における八支正道のひとつとされる。八支正道とは，ブッダが終始一貫して説いたもので，それぞれ有機的に関し合う正見，正思，正語，正業，正命，正精進，正念，正定から成り立っている（藤田，2015）。

　マインドフルネスと言った場合，実質的に瞑想の実践もしくはその状態を意味しているが，瞑想は大きく2つのものに分けることができる。1つは何らかの対象に注意を集中するという「止（サマタ）瞑想」であり，もう1つは物事をありのままに観察するという「観（ヴィパッサナー）瞑想」である（熊野，2007）。マインドフルネスについては，後者の観瞑想に関連するとされている（熊野，2007）。観瞑想は，座った状態のみならず，目を開いて歩きながら，食べながらというように身体を動かしながら日常の生活全般で実践することが可能である。このことは人が日常に瞑想を取り入れ易いという意味で大きな利点となっている。

[2] マインドフルネスという概念

　1990年代に入り，マインドフルネスが認知行動療法の技法の中へと組み込まれると，マインドフルネスは必ずしも仏教的な意味合いを含まないものとして，瞑想の手段もしくは瞑想の状態として捉えられるようになった。また，瞑想という方法自体が，必ずしも仏教のみに認められるものではなく，さまざまな宗教や伝統的な心理療法に存在していると考えられている。たとえば，弁証法的行動療法を開発したリネハン（Linehan, 1993）は，マインドフルネスに関して，禅の実践を中心としつつ西洋における黙想の実践などをスキルとして取り入れている。

マインドフルネスにはいくつもの捉え方があり，実にさまざまに定義される（Baer, 2003）。代表的には「ある決まった方法で注意を払うこと。すなわち，この瞬間に，意図的に，そして，価値判断することなく注意を向けること」（Kabat-Zinn, 1994, p. 4）と定義される。定義が多岐にわたることと合わせて，マインドフルネスが何から成り立っているのかについては議論のあるところではあるが，この構成要素についてビショップ（Bishop et al., 2006）は大きく2つの要素で説明している。1つ目の構成要素は，今現在の体験に対し意識的に注意を向け続けるという「注意の自己調節」である。2つ目の構成要素は，自らの体験に対し，好奇心とオープンさをもち，受け入れるような形で関わるという「体験に対する態度」である。この2つの構成要素はおおよそマインドフルネスの全体像をつかんでいるといっていいだろう。

　またマインドフルネスに関連して「思いやり（もしくは慈しみ，コンパッション compassion）」という言葉がしばしば用いられる。特に，自分自身への思いやりである「セルフ・コンパッション（self-compassion）」（伊藤，2010）が注目されている。ネフ（Neff, 2003）によればセルフ・コンパッションとは，自分へのやさしさ（self-kindness），人間同士としての共通した感覚（common humanity），マインドフルネス（mindfulness）によって定義されるとし，実証的な研究を精力的に行っている。これまで心理学の領域では「自尊心（self-esteem）」の概念が人の心理的健康において重要視される傾向にあった。自尊心が他者との比較のうえで成り立つ自らへの評価だとするならば，セルフ・コンパッションとは「良い／悪い」といった評価ではなく，一人の人間として自分を受け止めてあげることと言えるだろう。

[3] マインドフルネスと文脈的 CBT の 5 つの特徴

　次に，こうしたマインドフルネスと文脈的 CBT がどのようにして関連しているのかをすでに紹介した文脈的 CBT の 5 つの特徴と比較しながら整理してみたい。

　1）文脈と機能を重視する　マインドフルネスとは「体験に対する態度」であり，CBT 的に言えば，思考や感情の内容を変えるというものではなく，思考や感情との関係性（機能）を変えるものである。その意味で，文脈的

CBT の 1 つ目の特徴はマインドフルネスの発想と一致している。

2）診断横断的に人間の機能を高める　マインドフルネスにおける「注意の自己調節」および「体験に対する態度」は，人間の抱える心理的苦痛全般に影響しうる核となるスキルであると考えられる。その意味で，この文脈的 CBT の 2 つ目の特徴に関してもマインドフルネスと文脈的 CBT とで関連していると言えるだろう。

3）理論や技法はセラピスト側にも向けられる　これは明らかにマインドフルネスと文脈的 CBT に共通する要素である。概して，マインドフルネスをクライエントにトレーニングするにあたっては，トレーナー自身がマインドフルネスの実践を行っていることが必要とされている。文脈的 CBT においても，その程度ややり方に違いはあっても相応のマインドフルネスの実施がなければ自らの臨床にそれを活かすことは難しい。

4）従来の CBT の延長線上に位置づけられる　マインドフルネスはその起源が仏教の瞑想にあるため，これについては共通項とは言えない。むしろ，文脈的 CBT は，CBT の技法や実証データの蓄積する中で新たにマインドフルネスの発想と技法を導入したと言える。

5）人間における大きなテーマについても積極的に扱う　マインドフルネスといった概念を CBT が扱うようになったこと自体が，文脈的 CBT における挑戦である。文脈的 CBT では，さらにこうした人間的な概念について，実証科学によってデータを積み上げ検討を行ってきている点が重要である。したがって，これについては共通項というよりも，文脈的 CBT の側がマインドフルネスに大きな関心を寄せているという方が妥当であろう。

　以上のように文脈的 CBT の特徴とマインドフルネスを対応付けて検討すると，文脈的 CBT の特徴のかなりの部分がマインドフルネスと関連していることがわかる。一方で，文脈的 CBT はあくまでもプラグマティックな科学を志すものであり，マインドフルネスそのものを目的とするよりも，マインドフルネスの発想や手続きを取り入れているという側面が大きいだろう。次節では，マインドフルネス研修を実施するにあたり，文脈的 CBT のひとつであるアクセプタンス&コミットメント・セラピーについてその概要を解説する。

3．アクセプタンス&コミットメント・セラピー

［1］アクセプタンス&コミットメント・セラピーとは

　文脈的 CBT の代表として，アクセプタンス&コミットメント・セラピー（以下，ACT）がある。ACT はさまざまなメンタルヘルスの問題はもちろん，従業員に対するストレス・マネジメントの効果も示された心理療法である（Bond et al., 2013）。ACT は 1 対 1 で面接室の中で行われるようないわゆるカウンセリングの形態で実施されることもあれば，従業員に対してグループで行われることもある。ACT の目的は，従業員を含むクライエントもしくは参加者が，ストレスフルな出来事や心理的な問題があったとしても，より生き生きとした生活を送るための支援を行うことにある。

　ACT では「心理的柔軟性モデル」という診断横断的に適応可能な人間の心理・行動的な機能に関するモデルを有している。実践にあたっては，まずは，このモデルを理解することが重要となる。

［2］心理的柔軟性モデルと ACT

　「心理的柔軟性モデル」は 6 つの心理・行動的なプロセスによって捉えられる。6 つのプロセスにはそれぞれ裏と表があり，裏の側面は心理的な不健康を意味し，それに対応する表側は心理的な健康を意味している。以下に，6 つのプロセスの裏と表の両面について，裏と表の順でそれぞれ簡単に解説する。

　1）**体験の回避／アクセプタンス**　　体験の回避とは不快な思考・感情・身体感覚・記憶（以下，「私的出来事」と呼ぶ）をコントロールしようと無理にもがくことである。アクセプタンスとは体験の回避の反対を意味しており，不快な私的出来事を振り払おうとせず受け止めることである。

　2）**認知的フュージョン／脱フュージョン**　　認知的フュージョンとは自らの思考をそれがあたかも現実であるかのように真に受け翻弄されることである。脱フュージョンとは思考をあくまでも思考として，そこから距離をおき，自身の考えからある程度自由でいられる状態である。

　3）**抑うつ的反すうや心配／「今この瞬間」との柔軟な接触**　　抑うつ的反

すうとは抑うつ的な思考を繰り返すことであり，心配とは将来の出来事について漠然と考え続ける状態である。「今この瞬間」との柔軟な接触とは，意図的に注意を刻々と変化する瞬間瞬間に向けられる状態である。

　4）内容としての自己への囚われ／文脈としての自己　　内容としての自己とは，自分自身について自らが創り出したイメージであり，これに囚われることは自分らしさの檻に自らを閉じ込める状態である。文脈としての自己とは，自分のイメージに巻き込まれることなく，私的出来事全体を観察者の目になって俯瞰的に眺める意識である。

　5）価値の不明確／価値の明確化　　価値が不明確であるとは，自らの人生の方向性を失った状態もしくは混乱した状態である。価値とは，その人が望む自分自身の人生の在り方であり，これが明確化されていることは，その人が進むべき人生の方向が明らかになっているということである。

　6）活動の不実行／価値に沿った活動　　活動の不実行とは，仮に価値が明確であってもそれを実行できていない状態である。価値に沿った活動とは，価値に沿って活動を起こせている状態である。

　ACTとは，これら6つのプロセスにおける表の側面を強めようとするものである。また，ACTではマインドフルネスを上記の1）-4）によって定義する。つまり，私的出来事を避けたり，抑制しようとすることなく（アクセプタンス），思考に囚われず（脱フュージョン），今この瞬間に柔軟に意識を向けられる（「今この瞬間」との柔軟な接触）状態を意味している（Fletcher & Hayes, 2005）。したがって，ACTのプログラムは，マインドフルネス・スキル（上記の1）-4）に相当）と価値ある活動スキル（上記の5）-6）に相当）という関連し合う2つのスキルをトレーニングする内容で構成されている（Bond et al., 2013）。本稿では，以降でマインドフルネス・スキルを高める技法に焦点を絞って紹介する。

［3］ACTにおけるマインドフルネスに関する技法
　すでに述べたようにACTにおいてマインドフルネスは，アクセプタンス，脱フュージョン，「今この瞬間」との柔軟な接触，文脈としての自己のそれぞ

表14-1　ACTにおけるマインドフルネスに関する技法の例

技法の名称	概要
モンスターとの綱引き	うつや不安といった不快な私的出来事をモンスターに見立てて、クライエントがモンスターを倒そうと綱引きを一生懸命行っていることをイメージもしくは実際に綱引きをしてもらう。そのうえで、モンスターにもはや勝てないのであれば、いっそその手を綱から離してみたらどうなるかを体験してもらう。これによりクライエントに私的出来事を無理にコントロールしようとするのではなく、あえて戦いを手放すという選択肢の存在に気づいてもらう。
レーズン・エクササイズ	一粒のレーズンについて、興味をもって丁寧に観察し、ゆっくりと口に入れ、意識的に一回一回顎で噛み、ゆっくりと意識しながら飲み込んでもらう。これにより一粒のレーズンを通して、瞬間瞬間を丁寧に味わい観察するスキルを高めてもらう。
葉っぱのエクササイズ	1つひとつの思考を葉っぱのうえに乗せて、それらが小川を流れていく様子をイメージしてもらう。これにより、思考をやってきては去って行く1つひとつの思考として、距離をおいて冷静に観察するスキルを高めてもらう。
「ミルク・ミルク・ミルク」エクササイズ	「ミルク」という言葉を素早く繰り返し発声することで、ミルクという言葉から連想される表象が消失する体験を引き出し、言葉が単に音声であることの自覚を促す。
チェスボードのメタファー	自分のなかに現れた1つひとつの私的出来事をチェスの駒だとして、自分はそれら駒をただ支えているチェスボードであるとのイメージを促す。これにより、「不安やうつといった私的出来事＝私」なのではなく、私とは、すべてを支える超越的な存在であるとの意識をもってもらう。

れを促す技法である。ACTではマインドフルネスに関するさまざまな技法が開発されており、脱フュージョンの技法1つ取っても少なくとも34の技法がある（茂本・武藤，2012）。これが意味することは、ACTにおいて重要なことは参加者や状況に合わせて柔軟に技法を修正もしくは開発し続けるべきだということである。マニュアル的に特定のやり方にこだわることは適切ではない。そこで、マインドフルネス研修の実施にあたっては、これらの技法を研修のためのヒントとして捉え、6つのプロセスを意識しながら柔軟にワークを実施することをお勧めしたい。表14-1に代表的なマインドフルネスに関する技法の例を挙げる。

4．モノ化エクササイズ

本章では，ACT において比較的一般的に用いられる技法である「モノ化」エクササイズを紹介する。

［1］モノ化エクササイズの目的と実施の形式

モノ化エクササイズ（physicalizing exercise）とは，ゲシュタルト療法やフォーカシングの体験的技法を援用した ACT におけるマインドフルネスの技法である（ACT とフォーカシングとの関係については武藤（2011，2013）を参照されたい）。実際にはモノ化エクササイズ自体にも強調点の微妙に異なるいくつかのヴァリエーションがあるが，主にアクセプタンスと脱フュージョンを高める目的で用いられる。また，実施方法は個別で行われる場合もあれば集団で行われる場合もある。次に例示する手続きは個別を想定したものであるが，集団で行う場合には，全体に向けて教示を行うなどの修正で対応することも可能である。

［2］実施の手続き

以下に，モノ化エクササイズを行う際のセラピストとクライエントとのやり取りの例を示す。

1）［インフォームド・コンセントを行う］

セラピスト：感情を振り払おうとしたり，戦おうとし続けることで余計にお疲れのようだということがわかりましたね。実際に感情と戦おうとするのではなく，それをただもっておくことができれば，今ほど疲弊したり，振り回されることもないかもしれません。どう思われますか？

クライエント：そうですね。いつも「不安になったら負けだ！」と思って自分を鼓舞し続けてきたところがあります。でも，実際には「負けたらいけない！」というプレッシャーが仕事中はもちろんですが，

通勤時も帰宅してからもずっとあって張りつめています。
セラピスト：それでは，感情と無理に戦うのではなく，それをただ優しくもっておくということを練習するための方法があります。これは「モノ化エクササイズ」といって，すでにご説明した ACT でよく用いられているものです。やり方は，しばらくの間，座ったまま目を閉じて，今ある感情にイメージで形を与えて，それを眺めてみるというものです。関心はおありですか？
クライエント：はい，やってみたいです。
　2）［導入のための短い瞑想を促す］
セラピスト：それでは椅子に楽に腰かけて，軽く瞼を閉じましょう……空気を吸って……吐いて……呼吸に注意を向けましょう……呼吸しているときのお腹や胸，肩の動きを観察しましょう。呼吸をしながら身体が膨らんだりしぼんだりすることに注意を向けます。全身を丁寧に観察しましょう。
　3）［感情を引き出すきっかけを与える］
セラピスト：［間を空ける］あなたは仕事のストレスで頭がいっぱいだとおっしゃっていましたね。どんなストレスがあったのか少し思い出してみましょう。［間を空けしばらく様子を見る］
　4）［感情のある場所を探すよう促す］
セラピスト：それでは，今，あなたのその気持ち［不安，落ち込みなどクライエントの語った感情などをここに入れる］は身体のどのあたりにあるでしょうか？……身体のどの部分にそれがあるのかよく観察してみましょう。
クライエント：……喉の下あたりにあります。少し圧迫されるような詰まるような感じです。
　5）［感情を身体から取り出しテーブルのうえにおくイメージを促す］
セラピスト：わかりました。では，［「喉の下あたりにある」などクライエントがすでに述べた身体の位置を入れると伝わりやすい］その感じをしばらく観察します……そして，今度はいったんそれを身体の外に取り出してみましょう。そうですね。目の前にあるテーブルの

上に置いてみるイメージです……できるでしょうか？……

クライエント：……はい。

6）[感情の物理的属性について尋ねる]

セラピスト：それでは，テーブルにおいたそれを振り払おうとするのではなく，なんであれそれに興味をもって観察してみましょう。それに形があるとしたらどんな形でしょうか？

クライエント：……丸い形でしょうか……楕円……。

セラピスト：色があるとしたらどんな色でしょうか？

クライエント：真っ黒です。

セラピスト：スピードがあるとしたらどんなスピードでしょうか？［引き続き，セラピストは物理的な特徴について順番に尋ねていく］

7）[感情の物理的特定の変化について尋ねる]

セラピスト：しばらくそれを眺めていると変化することがあるかもしれません。テーブルに置いたそれは今どんな感じでしょうか？

クライエント：少し，軽くなったようです。柔らかくもなったかもしれません。

セラピスト：そうですか。それではしばらく観察しましょう。それが変化しているのならその様子を観察しましょう……。

8）[感情を自分の身体に主体的に戻すイメージを促す]

セラピスト：それでは，テーブルのうえにおいていたモノをあなたのなかの元あった場所に戻してあげることにします……あなたの中へとゆっくりと戻しましょう……どんな感じがするでしょうか？

クライエント：少し嫌な感じがします。前ほどではありませんが……。

セラピスト：その嫌な感じ……楕円で黒かったモノをそのままあなたの中のその位置に置いておいてあげることができるでしょうか？……振り払おうとするのではなく，それに対しオープンでいられるでしょうか？……あなたの身体の反応を避けずに，ただ丁寧に観察してみましょう。

9）[エクササイズの終わりを知らせる]

セラピスト：それでは，そろそろこのエクササイズを終えることにします。数回ゆっくりと呼吸をして……この部屋に戻りましょう……さあ，

ゆっくりと目を開けてください。
10）［最後に感想を聞き，必要に応じて質問に答える］

　このエクササイズでは，クライエントの抱える私的出来事に対して，疑似的にモノとしての特徴を与え，さらにそのモノを取り出し，目の前に置いておくよう促した。この作業によってクライエントは，漠然とした私的出来事をヴァーチャルに観察可能なモノへと変換し，自身の私的出来事から距離をおいて観察することが可能になる。このエクササイズではさらに，クライエントにゆっくりとそのモノの物理的属性を挙げてもらいながら，そのモノを無理に変化させたり押しのけようとすることなく，関心や思いやりをもってオープンに接することを促している。特に圧倒してくるほどの強い感情があった場合にそれをそのまま避けずに積極的に接し続けることは，クライエントにとって非常に困難な作業である。そこで，このような「モノ化」を促すことによって，感情から少し距離をおき，比較的冷静にそれに向き合えるようになるのである。
　また，このエクササイズの過程で，観察を続けるうちにそのモノの何かしらの物理的属性に変化が生じることがある。その際には，そのモノが変化することを許し，「今この瞬間」の変化をただ注意深くするよう促す。これにより，私的出来事とは膨らんではしぼむような動的な存在であることに気づけるよう促す。つまり，うつや不安といったなかなかいなくなってくれない私的出来事も，実は膨らんだりしぼんだり常に形を変える感覚の一側面に過ぎない。このことにクライエントに気づいてもらうということである。
　エクササイズにおいて最終的に，そのモノを再び自分のなかに戻すことは，このエクササイズの目的が不快を避けることではなく，それを自分の一部として思いやりをもってもって置いておけることであることを暗に示す。そして，結果的にはそのモノが自分のなかにあるからといって，自分の行動や人生自体に混乱が生じるわけではなく，私的出来事はあくまでも私的出来事であるということに気づけるように促している。

［3］実践上のポイントと注意点
　1）楽になるための「体験の回避」を促すものではない　　マインドフルネ

スに関するACTの技法はしばしば体験の回避の目的で誤用される傾向にある。実際，モノ化エクササイズを通してクライエントは「楽になった」もしくは「自分の中にそれを戻したくない／戻したことで不快になった」と報告するかもしれない。また，ACTに馴染のないカウンセラーであれば，「楽になること＝良いこと」「不快になること＝悪いこと」と単純に捉えることもあるかもしれない。しかし，セラピスト側がクライエント側の体験の回避を助長させるような素振りを見せることは適切ではない。セラピストはむしろ，そういった際に，「楽になっても構わないし，反対にしんどくなっても構わない。大切なのは，自分の感覚を思いやりをもって見守れるようになることである」といったニュアンスで対応すべきである。

2）マインドフルネスは頭で理解するものではない　クライエントによっては，マインドフルネスを頭で理解したがる人も多いだろう。しかしマインドフルネスとは，頭で分析的に考えるようなものではなく，むしろ上手に体感するためのエクササイズである。マインドフルネスの実践を促す際には，スポーツの練習などに喩え，頭で理解することにこだわるよりも実際に体験してみるよう促すことが有用である。

3）「結果」を追い求めるものではない　人間は一般にある特定の結果が得たいがために努力したりコストを支払うものである。しかし，マインドフルネスの発想とはそのプロセス自体を尊重するもので，その瞬間瞬間の人生を深く噛みしめる行為ある。その意味で，結果は後から付いてくるものと捉え，まずは実践してみるよう促すことが大切である。この点に関しては，企業においてマインドフルネス研修を行うえで工夫が必要になるかもしれない。

4）マインドフルネスは万能薬ではない　マインドフルネスは人間の心理・行動的な機能を高めることが期待されるが，その限界を理解しておくことは効果的なマインドフルネスの導入には欠かせない。特に，従業員の抱える問題に関して，環境調整が必要もしくは可能な際には環境調整を優先的に行うべきである。ACTはもともと，行動分析学という行動科学に基づいている。同じく行動分析学に基づき，ACT以前から産業領域で活用されてきた方法論には組織行動マネジメントというものがある（島宗，1999）。マインドフルネスは，変えられないもの（自分のなかに生じる私的出来事）を受け止めるための

方法論であり，変えられるもの（外的な環境）についてはむしろ組織行動マネジメントのような具体的な方法論で対応する必要がある。

5．まとめ

　マインドフルネスは，今後，働く人々を支援するうえでのキーワードとして益々注目を集めると期待される。それは「ストレスと闘う」という発想から「ストレスとの共存をはかる」という発想への変換を促すものであり，働く人々への支援の在り方を大きく変えていく可能性を秘めている。産業領域で活動するカウンセラーは，適切なトレーニングを受け，実践を重ねることで，それぞれの職場環境や従業員にあった方法でマインドフルネス研修を実施することができるだろう。まずはカウンセラーの側が本章で紹介したワークを実践してみることが役立つかもしれない。また，本書で紹介したACTを学ぶにあたっては，武藤（2015）に参考書籍の紹介を含めた学習のための指針が示されているので参照されたい。

　最後に，すでに述べたようにマインドフルネスは本来，仏教における八支正道の1つから生まれたものである。母体から切り離したマインドフルネスがどの程度，その意義を保っているかについては仏教の立場からの批判もある（たとえば，藤田，2015）。ACTはその哲学と理論のなかでマインドフルネスを活用するに至ったが，技法を使おうとするものはその背景となる全体を込みで理解し，実践しなくてはならない。本章では，マインドフルネス研修を現場で行っていくうえでの1つのヒントを文脈的CBTであるACTの観点から提示した。

引用文献

Baer, R. A. (2003). Mindfulness training as a clinical intervention: A conceptual and empirical review. *Clinical Psychology: Science and Practice, 10*(2), 125–143.
Bishop, S. R., Lau, M., Shapiro, S., Carlson, L., Anderson, N. D., Carmody, J., & Devins, G. (2006). Mindfulness: A proposed operational definition. *Clinical Psychology: Science and Practice, 11*(3), 230–241.
Bond, F. W., Flaxman, P. E., & Livheim, F. (2013). *The mindful and effective employee:*

　　　　　An acceptance and commitment therapy training manual for improving well-being and performance. Oakland, CA: New Harbinger.（武藤　崇・土屋政雄・三田村　仰（監訳）(2015). マインドフルにいきいき働くためのトレーニングマニュアル　職場のためのACT（アクセプタンス＆コミットメント・セラピー). 星和書店）

Fletcher, L., & Hayes, S. C. (2005). Relational frame theory, acceptance and commitment therapy, and a functional analytic definition of mindfulness. *Journal of Rational-Emotive & Cognitive Behavior Therapy, 23*(4), 315-336.

藤田一照（2015）. 仏教から見たマインドフルネス—世俗的マインドフルネスへの一提言—　貝谷久宣・熊野宏昭・越川房子（編）　マインドフルネス—基礎と実践—（pp.65-77.）日本評論社

Hayes, S. C. (2004). Acceptance and commitment therapy, relational frame theory, and the third wave of behavioral and cognitive therapies. *Behavior Therapy, 35*, 639-665.

Hayes, S. C., Strosahl, K. D., & Willson, K. G. (2012). *Acceptance and commitment therapy: The process and practice of mindful change.* New York: Guilford.（武藤　崇・三田村　仰・大月　友（監訳）(2014). アクセプタンス＆コミットメント・セラピー：マインドフルな変容のためのプロセスと実践（第2版）星和書店）

伊藤義徳（2010）. 自己への慈しみ self-compassion　心理学ワールド, 50号, 13-16.

Kabat-Zinn, J. (1990). *Full catastrophe living: Using the wisdom of your body and mind to face stress, pain, and illness.* New York: Delta.（春木　豊（訳）(2007). マインドフルネスストレス低減法　北大路書房）

熊野宏明（2007）. 瞑想の画像研究のレヴュー　貝谷久宣・熊野宏昭（編）マインドフルネス・瞑想・坐禅の脳科学と精神療法（pp.33-50.）新興医学出版社

Linehan, M. M. (1993). *Cognitive-behavioral treatment of borderline personality disorder.* New York: Guilford.

武藤　崇（2011）. フォーカシングとの小さな一歩：体験過程的アプローチとしてのACT　武藤　崇（編）（2011）. アクセプタンス＆コミットメント・セラピーハンドブック—臨床行動分析によるマインドフルなアプローチ（pp.303-318.）星和書店

武藤　崇（2013）. 臨床行動分析とACT—「二人称」の科学とその実際　臨床心理学, *13*(2), 202-205.

武藤　崇（2015）. 文脈的行動科学に基づく「アクセプタンス＆コミットメント・セラピー（ACT）」に対する学習・実践・研究のすすめ方　臨床精神医学, *44*(8), 1043-1049.

Neff, K. D. (2003). The development and validation of a scale to measure self-compassion. *Self and Identity, 2*, 223-250.

サンガ編集部（編著）（2015）. グーグルのマインドフルネス革命　株式会社サンガ

Segal, Z. V., Williams, J. M. G., & Teasdale, J. D. (2001). *Mindfulness-based cognitive ther-*

apy for depression: A new approach to preventing relapse. New York: Guilford.（越川房子（監訳）（2007）．マインドフルネス認知療法―うつを予防する新しいアプローチ　北大路書房）

茂本由紀・武藤　崇（2012）．脱フュージョン・エクササイズに対するアナログ研究の現状とその課題　心理臨床科学, 2, 81-91.

島宗　理（1999）．組織行動マネジメントの歴史と現状とこれからの課題　〈小特集〉パフォーマンス・マネジメント（１）　行動分析学研究, 14(1), 4-14.

菅村玄二（2015）．マインドフルネスの意味を超えて―言葉，概念，そして体験―　貝谷久宣・熊野宏昭・越川房子（編）　マインドフルネス―基礎と実践―（pp.130-149.）日本評論社

第15章　復職問題

1．休復職の現状と課題

　厚生労働省より2014年9月発表された「平成25年 労働安全衛生調査」によると，過去1年間（2012年11月1日―2013年10月31日）にメンタルヘルスの不調により連続1か月以上休業，または退職した労働者がいる事業所の割合は10.0％（前年調査8.1％）であり，平成24年に行われた前年調査よりも，その割合が上昇していることが示されている。また，そのうち職場復帰した労働者がいる事業所の割合は51.1％（前年調査55.0％）となっている。

　労働者のメンタルヘルスにかかわる休職理由の内訳については，島（2004）により，10の企業を対象に過去3年間に精神障害で1か月以上疾病休業した労働者を対象に調査が行われた結果，そのうち87.3％は気分障害（うつ病など）によるものであることが明らかにされている。

　こうした課題を受けて，厚生労働省は中央労働災害防止協会に委託し「心の健康問題により休業した労働者の職場復帰支援の手引き」を提示している。そのなかで，心の健康問題で休業している労働者がスムーズに職場復帰するためには，職場復帰プログラムの策定や関連規定の整備などにより，休業から復帰までの流れをあらかじめ計画にしておくことが必要とされており，職場復帰支援の流れは，図15-1のようにモデル化されている。

　このように，職場復帰支援の手引きが出されたことにより，各事業所の産業医，管理監督者，産業保健スタッフ，人事労務の担当者などの企業側と，治療を担う主治医や医療機関の専門家など，休職者にかかわるそれぞれの立場の者に対して共通の目安が得られるようになった。しかし，黒川ら（2009）が行った実態調査によると，企業側（人事労務担当者）における「心の健康問題によ

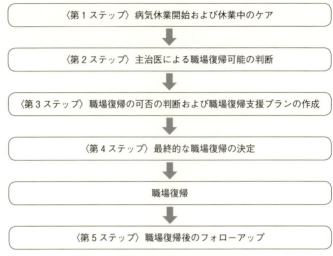

図15-1　職場復帰の流れ（厚生労働省，2012）

り休業した労働者の職場復帰支援の手引き」の周知度は，24.1％に留まっていることが明らかになっている。また，いまだに休復職の制度づくりが十分に行われていない企業もあり，主治医の出す復帰可の診断書の指示のままに休職者を復帰させるというような例も存在している。

　このような体制の下では，症状が回復して職場復帰ができたとしても，業務を遂行するための力が十分に回復していなかったり，休職前に抱えていた仕事に対する課題が未解決であったり，復帰後のフォローアップ体制が十分でなかったりするために職場への再適応が難しくなり，再休職に至る恐れがある。さらに，休復職を繰り返した結果，休職日数が満了となってしまい退職を余儀なくされたり，職場の人員調整のコントロールができず，周りが疲弊してしまったりするリスクがある。

　したがって，職場復帰に向けた支援は，「職場復帰」を目的とするのではなく，「再発・再休職予防（安全に健やかに就労継続させること）」を目的とする必要がある。そして，そのためには，休職者はもちろんのこと，企業側の各関係者と医療機関の専門スタッフが連携して復職支援プログラムを作成して，実施していくことが大切である。

2．職場復帰に向けた支援

本節では，「うつ病」により休職に至ったAさんの事例について，「心の健康により休職した労働者の職場復帰支援の手引き」に示されている職場復帰の各ステップ（図15-1）に沿って，職場復帰支援における課題と各関係者による対応のポイントについて解説する。

[1] リワークを利用したのち復職したAさんの事例

事例：20代，男性，事務職（勤続5年目）
家族構成：本人，妻（専業主婦），1歳の娘との3人暮らし
休職に至った経緯：

　　Aさんは，大学卒業後，製造会社の事務職として就職した。まじめな性格で，入社当初から，与えられた仕事以上のことができるよう常に工夫しながら，業務にのぞんでいた。そのため，周りからは何かと頼りにされ，担当業務や頼まれごとも多かったが，周りの役に立っていると思えることが何よりの喜びに感じていた。

　　勤続5年目には，結婚し，間もなく第一子が生まれた。そのため，帰宅後や休日は，育児や家事を積極的に手伝うようにしていた。ちょうど同時期に，従来の仕事に加え，新入社員の教育なども任されるようになり，Aさんはより一層はりきって仕事をしていた。

　　公私ともに順調そうに見えたAさんだったが，教育を任されている新人社員が，なかなか思うように，仕事を覚えることができず，一日中質問を受けたり，手伝わざるを得なかったりして，だんだんとAさんの残業時間が増えていった。気づけば，終電で帰宅，慣れない育児で忙しくしている妻からは「もう少し早く帰ってこられないの？」と言われていたため，申し訳なく思い，休日はいつもより家事や育児を手伝うようにしていた。

　　睡眠時間は平均すると3-4時間しか取れず，身体は疲れているのに目がさえて一睡もできない日が増えていった。また，気持ちが焦って昼休みにも食事を落ち着いて摂ることができず，ほとんど休憩なしで業務に取り

組むようになっていた。

　徐々に作業のスピードも落ち，新人のミスを見落としたり，作成書類が期日に間に合わなかったりすることが出てきたため，心配した上司は「Aさんの仕事の担当を減らそうか？」と提案してくれたが，Aさんは「現在，担当している分はやりきりたいと思っています」と答えたため，しばらく様子を見ることにした。

　そのような日々が3か月ほど過ぎたある日，仕事に行こうとするが身体が動かず，頭痛や吐き気で出勤できなかったため，内科を受診したが，医師から心療内科を勧められ，そこで「うつ病のため1か月の療養を要する」との診断書が出たため，その翌日から休職することとなった。

［2］〈第1ステップ〉：病気休業開始および休業中のケア
1）休職の手続き

> ワーク：Aさんから「うつ病のため1か月の療養を要する」との診断書が提出されました。Aさんの上司の対応について，適切ではないと思われるものをア―ウのうち，1つ選んでみましょう。
>
> 　ア．休職に至った原因について，話をよく訊くようにする。
> 　イ．会社の休職制度について説明を行う。
> 　ウ．仕事のことは気にしなくてよいから，今はとにかくよく休むようにと伝える。
>
> 正解：ア
> 解説
> ア：休職に至った原因を知り，再発予防に努めることは大切ですが，急性期には，自分の考えを整理して話すための思考力や集中力が低下していることが多いため，こういったことを振り返るのに適切な時期とは言えません。
> イ：休職制度を説明し，見通しを示しておくことは，休業中の不安の軽減につながります。
> ウ：休職に入ることについて，当事者は「会社に迷惑をかける」「自分の担当業務はどうなるんだろう？」などと心配することが多いため，主治医からだけでなく，会社関係者からも「休むことに専念するよう」声かけをされるとよいでしょう。

　Aさん（休職者）：主治医から診断書を受け取ったAさんは，はじめは「大変なことになってしまった。自分が明日から仕事に行けないとなると，自分が

担当していた業務はどうなってしまうのだろう？　キリのよいところまで仕事をしてしまってから，診断書を出した方がよいのだろうか？」と主治医に相談をしたが，すぐに職場に提出しておくよう指示された。Aさんは，休職がはじめてであったため，誰に提出してよいかわからなかったが，休みの連絡を入れていた直属の上司である課長に，主治医から受けた診断を報告し，診断書を提出することにした。

　Aさんのように，主治医による病気休業の診断書が出た場合には，すみやかに職場に診断書を提出する必要がある。会社を休むということに対し，「本当に復職できるようになるのか」「今，職場の方はどうなっているだろう？　迷惑をかけて申し訳ない」といった不安が高まる人も多く，症状が不安定にな

表15-1　休職者をサポートする各関係者の役割

企業側 （事業場内）	産業保健 スタッフ	産業医	・健康問題のある従業員に面談を実施する ・必要に応じて主治医と連携を取り，従業員の健康状態や業務遂行能力を評価する ・従業員の状態に合わせて就業に関する意見書を発行する
		心理職， 看護職	・健康問題のある従業員に面談を実施する ・必要に応じて保健指導（看護職）やカウンセリング（心理職）を行う ・事業場内スタッフとの連携，コンサルテーションを行う
		人事労務管理 スタッフ	・産業医の意見，主治医の診断書，その他産業保健スタッフ等の所見，職場環境などの情報から総合的に判断し，必要に応じて配置転換や休業などの就業措置を実行する
	―	管理監督者 （職場の上司）	・従業員が安全に就労継続できるよう管理，監督を行う ・従業員の不調が疑われる場合には，産業保健スタッフにつなぐ
医療機関 （事業場外）	―	主治医	・診察，投薬，治療を行う ・診断書や意見書を発行する
		心理職 （リワークの スタッフ EAPカウン セラーなど）	・中立的な立場から，事業場内スタッフとの連携，コンサルテーションを行う ・生活リズムの改善指導や，心理療法，カウンセリングを通して再発予防に向けた心理教育やふりかえりを行う

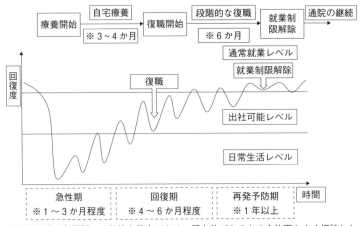

図15-2　時間の経過に伴う回復度と職場復帰について
(難波・向井, 2013をもとに作成)

る場合もあるため，休職中の相談先を確認しておくとよい。

　管理監督者：人事労務管理スタッフ等に，病気休業の診断書が提出されたことをすみやかに連絡する。また，労働者が安心して療養できるように，職場内の業務の調整を行うので，焦らず今は休むことに専念できるような声かけを行う。治療の方針にかかわるようなことについては，自己判断で休職者と話すのではなく，本人から主治医に尋ねるよう促す。

　人事労務管理のスタッフ：労働者が病気休業中に安心して療養に専念できるよう，傷病手当金などの経済的な保障，休業可能な期間，不安悩みの相談先の紹介，連絡窓口，連絡の取り方などについては，情報提供を行い，休養に専念できるよう配慮する必要がある。なお，連絡の窓口は，管理監督者になる場合も，人事労務管理スタッフとなる場合もある。休職者が連絡を取る先は，統一しておくことが望ましいが，休職者が管理監督者と人事労務管理のスタッフ等，複数の者と連絡を取ることがある場合には，管理監督者と人事労務管理スタッフが連携を密にし，指示や方針を一致させておく必要がある。

　2）急性期（症状が強く1日中寝ている状態の時期）の療養

　Aさん（休職者）：診断書を職場に提出し，事務手続きが済んだAさんは，

自宅療養を開始することとなった。はじめは，処方された薬が効いているのかわからず，変化も感じられにくかったが，服薬を開始してから10日ほど経つと，ずいぶん寝られるようになり，食事の時間以外はほとんど１日中，ベッドのうえで寝て過ごすような状態となった。

　この時期は，主治医からの指示を守りながら服薬を継続し，とにかくゆっくりと寝て，エネルギーを充電するために過ごすことになる。一般に精神科の薬は，飲み始めてすぐには効果が現われないため，自己判断で服薬を中断せず，気になることがあれば受診の際に主治医によく相談する必要がある。考えを整理して話すことが難しかったり，記憶や理解，判断力が落ちていたりする場合には，家族に受診を付きそってもらうことが必要な場合もある。Ａさんのように，家族と同居している場合には，家族に協力をあおぐことができるが，たとえば，一人住まいをしている場合には，一時的に実家へ帰って，家族や身近な人にサポートしてもらえるよう環境を整えることが必要な場合もある。また，子育てのため手がかかるような状況であったり，身の回りのことをサポートしてもらうことが難しかったりして，自宅で十分な静養ができないような場合には，入院を検討することもある。薬が効き始めると，睡眠障害や気持ちが落ち着いていく。

　会社の連絡窓口の担当者：休職者に対し，「今は何もせず，寝ているのが一番よい時期である」ということを繰り返し伝える。会社から頻回に連絡するのは控え，休職者が必要とした際には応えられるようにする。家庭内でのサポート状況を確認したうえで，月に一度くらいのペースで産業医面談を通して状況を把握できる場を設定しておくことが望ましい。

　３）回復期（最もつらい症状がやわらぎ，生活リズムを整え始める時期）の　　　過ごし方

　Ａさん（休職者）：休職に入り，２か月ほど経つと，夜に寝て，昼間に起きるというリズムが徐々に戻ってきた。少し家事を手伝ったり，子どもの相手をしたりする意欲が戻ってきた。また，仕事を休みはじめてから急に太ったようにも感じられたため，外を歩いてみようかとも考えたが，近所の人の目が気になる。相変わらず疲れやすく，家のなかでゴロゴロして過ごすことが多い状態が続いている。

表15-2 生活記録表の例

○/△（月） 天気：くもり 気分：△ 疲労感：○	am7:00	9:00	10:00	11:00	12:00	13:00
	起床	朝食	←移動→	←　　図書館　　→		昼食
備考	目覚め△	★服薬		眠気あり	★服薬	

	14:00	15:00	16:00	17:00	18:00	19:00	20:00	21:00	22:00
	←買い物→		移動	昼寝	←　→	夕食	風呂	インターネット・テレビ	就寝
	・頭痛・疲労感				★服薬			★服薬	

　このような回復期の初期頃になると，無理のない範囲で，散歩や家事などをするとよい。体調や気分などが調子の良いときと悪いときの波が大きく，行ったり来たりを繰り返すので，復職への焦りが出てきたり，自信を失ったりしやすい。そのため，無理をせずに，疲れが出ている日は自宅でゆっくりするなど，調整しながら過ごすことが大切な時期となる。主治医に相談しながら生活のなかでの活動量を調整していくことが望ましい。

　休職に入ってから3か月が過ぎると症状は軽減され，日中も横にならずに起きて過ごすことができるようになってきた。また，家事や，身の回りのことも大分できるようになってきている。おっくう感はあるものの，自宅で過ごすことに退屈感が出てくることも多い。そのため，通院以外にも，少しずつ散歩や買い物に行くなど，自発的に外出ができるなど，調子が良い日は動けるが，調子が悪い日は自宅で横になって過ごすということもある状態である。このような時期に入ると，表15-2のような生活記録表をつけて，自分自身で生活リズムをチェックし，気分や体調のリズムをモニタリングしていくことが望ましい。

　会社の連絡窓口の担当者：休職者に対し，「できるだけ，昼間は起きて夜に寝るように。調子の良いときは，少しずつ好きなことをやっていくように」と伝える。できそうなら，主治医とも相談をして，生活記録表（表15-2）をつけてみるよう提案してみるとよい。生活記録をつけることで，休職者自身が気分や体調の波に気づくことができたり，少しずつ回復に向かっていることを実感できたりする。また，専門家が回復の程度を知るうえでも，生活状況は重要

な目安となる。会社で共通の書式を作成しておくと導入がスムーズにしやすい。

このころには，落ち着いて話ができるようになるため，復職までの段取りについて簡単に説明しておくとよい。また，必要に応じて，主治医の指導の下，通所型のリワーク施設を紹介することもある。一般に，受診や心理療法などは，症状の回復を目的としているため，それだけでは復職準備性を十分に整えることが難しい。そのため，休職者の回復の度合に合わせて，業務遂行能力を向上させることを目的に，自分自身で図書館などに通い仕事に関連するワークをするようにしたり，リワーク・プログラムを利用したりすることもある。

4）リワーク・プログラムとは　リワーク・プログラムの「リワーク」の語源は「return to work」であり，これが省略され「Re-work（リワーク）」と呼ばれるようになった（以下，リワークと表記）。リワークとは，医療機関において主に回復期にある労働者を対象に「病状を回復・安定させること」「復職準備性を向上させること」そして「再発防止のためのセルフケア能力を向上させること」の3つを目的として，実施されている復職支援プログラムのことを指す。医療機関では，デイケアや作業療法，集団精神療法などの診療報酬体系の枠組みで行われており，自治体で運営されているリワーク施設もある。

リワークでは，上記の3つの目的をかなえるために，①通勤を模倣して定期的に通所できる場所，②厳しめのルールの下で空間的・時間的に拘束させる枠組み，③一定のノルマがある作業プログラム，④再発予防のセルフケアにつながる心理社会教育プログラムの4つの要素が備わっている必要があると考えられている（うつ病リワーク研究会，2009）。

そのため，リワークでは週に何回か（あるいは平日は毎日），決まった日にリワーク施設へ通い，共通の目的をもった人たちの集団のなかで軽作業を行ったり，心理教育を受けたりしながら，生活リズムを整え，業務を行ううえで求められる力をつけるためのトレーニングを行っていく。

このようにリワークでは，集団への参加が重要視されている。これは，一般に休職者は，家族以外の人とのかかわりが減ってしまうため，職場に復帰するまでの間，模擬的に職場で体験するようなストレスを経験し，段階的に負荷をかけることで，症状の回復だけではなく，実際に職場に戻った際のペースを身につけ，復職への準備性を高めていくことが重要な課題となるからである。ま

表15-3 「リワークからすま」におけるカリキュラムの例

		月	火	水	木	金	土
午前のグループ		ラジオ体操・朝の集い	ラジオ体操・朝の集い	ラジオ体操・朝の集い	ラジオ体操・朝の集い	ラジオ体操・朝の集い	ラジオ体操・朝の集い
		生活習慣チェック	ワーク	ワーク	ボディワーク	テーマワーク	グループミーティング
			アサーショントレーニング	キャリアセミナー	ワーク	リラクセーション	ワーク
		終礼	終礼	終礼	終礼	終礼	終礼

		月	火	水	木	金
午後のグループ		昼の集い	昼の集い	昼の集い	昼の集い	昼の集い
		生活習慣チェック	ワーク	ワーク	ワーク	ワーク
			コラージュ	マインドフルネス	お茶会	リラクセーション
		終礼	終礼	終礼	終礼	終礼

た,リワークに参加することで,休職者の集団内における言動を,リワークの専門スタッフが観察して,評価を行うことができ,主治医にとってもスタッフと連携を図ることで復帰のタイミングが確認できる機会にもなると考えられている(五十嵐・林,2010)。

具体的なカリキュラムの実施内容については,各施設により違いがあるが,おおむね「症状自己管理」「コミュニケーション」「自己洞察」「集中力」「モチベーション」「リラクセーション」「基礎体力」「感情表現」の8カテゴリーに整理されてきている(五十嵐・林,2010;林・五十嵐,2012)。

表15-3に,京都にある杉本医院の復職支援「リワークからすま」にて精神科ショートケア(午前,午後ともに1日3時間)の枠組みで実施されているプログラムの一例を示す。詳細は,リワークからすまのホームページ(http://karasuma-mc.net/return/)を参照されたい。

五十嵐(2012)によると,気分障害による休職経験がある企業従業員323名を対象に復職支援プログラムを利用した群と利用しなかった群との間で復職後の就労継続性を比較した結果,復職支援プログラムを利用した群のほうが就労継続性は有意に良好であり,復職支援プログラムを利用することにより,再休

表15-4　チェックリスト（リワーク適用について）

- □回復期にあること
- □主治医に相談し，リワーク参加への同意が得られていること
- □集団での活動やコミュニケーションに参加する意志を持っていること
- □自殺の危険性がないこと
- □概ね3か月以上通う予定をしており，概ね半年以内に復職を予定していること

※各施設により参加条件が異なるため，参加を希望する施設への確認が必要

職の予防に貢献していることが報告されている．参考までに，リワークを利用するのに適した条件を表15-4に示す．

5）再発予防期（復職に向けた試運転から仕上げを行う時期）

　Aさん（休職者）：休職に入り，5か月が過ぎると午前中からの外出もできるようになり，集中力や理解力など徐々に戻ってきた．Aさんは，職場復帰について主治医に相談してみたが，自分が休職に至った原因がいまひとつ整理できておらず，職場復帰への焦りと不安の両方があることが気にかかっていた．職場の上司とも相談し，主治医から勧められたリワークへ参加することになった．

　通勤の時間に合わせて起床・外出する練習をしてみるのに適した時期である．生活リズムが戻ってきて動けるようになってきてはいても，通勤時間帯の電車に乗るなど，人の多いところに出ると疲れを感じることに気づいたりすることがある．再発の予防策を考えていくのと同時に，職種に合わせて1日8時間の勤務に耐えられるような基礎体力を回復させておくことが大切である．

　リワークに通いはじめて，3か月ほど経ったころには，リワークや図書館などを利用した通勤訓練を，週5日間続けられるようになってくる．この頃には，休職に至った原因について理解し，休職前とは違った対処を身につけておくことが重要となる．また，この時点では十分にストレス対処などを実行できている人も，復帰後継続して続けることが難しいため，休職中に身につけた対策の実施を定着させるための工夫をしておくことが望ましい．

　会社の連絡窓口の担当者：定期的に面談の機会を持ち，休職に至った原因について話し合い，再発予防の対策を話しあう．この時期になると，随分動けるようになることから，焦って主治医に復職可の診断書を書いてもらってくる場

合があるため注意が必要である。「焦らないように」と繰り返し伝え，「職場復帰」を目的ではなく，「復帰後，安定して就労継続すること」を目的とし，課題を一緒に整理していくとよい。

仕上げの段階に入ると，主治医の判断と社内の規程に基づき，復帰時期を検討していく。職場の受け入れ環境も考慮し，調整を行っていく。復帰が近づくと，休職者は不安が高まることも多いため，職場の状況についても少しずつ伝えておくとよい。

[3]〈第2ステップ〉：主治医による職場復帰可能の判断

Aさん（休職者）：症状が安定し，復職への準備性が高まってくると，Aさんは，以前のように「職場に早く戻らなくては」という焦りからではなく，「そろそろ復帰できるかな」というような自然な気持ちで，復職への意欲が出てきた。また，読書やパソコンでの軽作業，他のメンバーとのコミュニケーションが支障なくできるようになり，リワークで他のメンバーやスタッフとの話し合いを通じて「周りから評価されたい自分」「からだの声を無視して頑張り過ぎてしまう自分」に気づき，時には人からの頼みを断ったり，助けを求めたりしていくことの大切さを感じられるようになっていった。

症状には少なからず波があるため，自分自身の状態をよく観察して，適切な時期に，復職の意志を会社の連絡窓口の担当者に伝え，主治医に相談し「復帰可の診断書」を提出する必要がある。

ワーク：Aさんから，主治医による復帰可の診断書が提出されました。この診断書の取扱いについて最も適切なものを考え，ア-ウのなかから1つ選んでみましょう。

　ア：復帰可の診断書を受理次第，社内規定に従い復職のステップを進める
　イ：復帰可の診断書が提出されても，社内の受け入れ態勢を調整できていない段階では，復帰させることができない
　ウ：復帰可の診断書を提出されたら，いかなる状況でも即復帰させなければならない

正解：ア
解説
ア：基本的には，主治医による復帰可の診断書を受理次第，産業医面談の設定，復帰

第15章　復職問題　　185

> 　　検討会での審議など，社内規程に沿ってステップを進めていくことになります。
> イ：休職期限の満了日なども考慮し，主治医による復帰可の判断，および社内規程に基づく復帰の条件が満たされているのであれば，できる限りすみやかに受け入れの準備を整えていくことが望ましいと考えられます。ただし，再発予防のために繁忙期を避けて復帰した方がよいと考えられるなどの事情がある場合には，本人とも相談のうえ，復帰時期を検討することもあります。
> ウ：主治医による復帰可の診断書は，症状が回復していることを示すものですので，生活リズムや業務遂行能力などの回復の程度を踏まえた職場復帰の条件が満たされているかどうか，産業医をはじめ社内の関係者の意見を集約して決定していきます。

　会社の連絡窓口の担当者：主治医による復帰可の診断書が提出されたら，すみやかに産業医面談や復帰検討会のスケジューリングなどを行い，今後の予定を早めに休職者に示すことが望ましい。復帰可の診断書は，症状の回復の程度により判断されていることが多いため，必ずしも職場で必要とされる業務遂行能力が回復した状態で提出されるとは限らない。そのため，あらかじめ社内規程として職場復帰に求められる業務遂行能力の回復程度などの目安も具体的に定めておくことが望ましい。また，そういった規程を主治医に情報提供しておくと，業務遂行能力を判断する際の理解が得られやすい。

[4]〈第3ステップ〉：職場復帰の可否の判断および職場復帰支援プランの作成から〈第4ステップ〉：最終的な職場復帰の決定

　Aさん（休職者）：主治医による復帰可の診断書を会社に提出し，産業医面談や，会社関係者との面談などの予定が立て続けに続くと，いよいよ復職が近づいてくるという実感がわいて来た。リワークで教わったリラクセーションや振り返りのワークを使いながら，面談に備える日々が続いた。
　職場復帰に向けた手続きや関係者との面談がはじまると，これまでの生活とは異なり，緊張感も高まり，エネルギーが消耗されやすい。こういった復職間際の緊張や不安は自然な気持ちの動きであるため，過度に反応せず，早めに休むなどして疲労管理をしっかり行っておく必要がある。
　産業保健スタッフ，管理監督者，Aさん（休職者）：図15-3に示すような流れで，職場復帰可否の判断，および職場復帰プランの作成を行う。上述したように，事前に職場復帰に求められる条件を表15-5のような形で社内規定にま

```
1. 情報の収集と評価
①労働者の職場復帰に対する意思確認
②産業医等による主治医からの意見収集
③労働者の状況等の評価
④職場環境等の評価
⑤その他（治療に関する問題点，行動特性，家族の支援状況など）
```

```
2. 職場復帰の可否についての判断
「1. 情報の収集と評価」で収集した情報の評価をもとに，職場復帰可能か事業場内産業保健スタッフ等が中心となって判断を行う
```

```
3. 職場復帰プランの作成
①職場復帰日
②管理監督者による就業上の配慮
③人事労務管理上の対応等
④産業医等による医学的見地からみた意見
⑤フォローアップ
⑥その他（試し出勤制度の利用，事業場外資源の利用など）
```

図15-3　職場復帰の可否の判断および職場復帰支援プラン作成の流れ（厚生労働省，2012）

表15-5　チェックリスト（復帰可の判断基準に関する社内規程の例）

□症状（睡眠，食事，意欲など）が回復し，2週間以上体調が安定していること
□2週間以上安定して通勤時間の一時間前に起床し，目標時間に就寝できていること
□週5日間，1日5時間以上外出先（図書館など）で作業して過ごせていること
□日中，昼寝をせずに過ごせていること
□調子が悪い日でも，予定通りに行動できていること

とめておくと，復職判定の審議をスムーズに行いやすい。また，復帰後も継続してラインケアの対象者として職場内でのサポート体制を確認しておくことも大切である。

　最終的な職場復帰の可否の決定については，職場復帰検討会の場で産業保健スタッフ，管理監督者，人事労務管理の担当者を含め，Aさん（休職者）の状況をよく確認しながら行われる。通勤練習や，短時間勤務の制度が利用できるところでは，その際のAさんの状況を踏まえて評価を行うことができる。

　なお，職場復帰プランは，再発予防の観点から，Aさん（休職者）のパフォーマンスを段階的に，半年くらいをかけて上げていくことを前提として作

表15-6　Aさんの職場復帰プラン

期間	1週間	2週間	復帰後1か月	
勤務時間	通勤練習	半日勤務	終日 残業：なし	復職判定→職場復帰
仕事	—	単純な仕事	他のメンバーの補助的な仕事	
業務内容の例	—	・メールチェック ・資料の閲覧 ・入力作業の手伝い等	・メールチェック ・資料の閲覧 ・入力作業 ・資料の作成	
パフォーマンスの目安	就業開始時刻までに職場に行く練習をする	0～10%	10～30%	

期間	復帰後2～3か月	復帰後4～6か月	復帰後6か月～	
勤務時間	終日 残業：なし	終日 残業：1日1時間まで	終日 残業：状況を見て制限解除	復職判定→職場復帰
仕事		少しずつ担当業務を持たせる	以前の仕事	
業務内容の例	・メールチェック ・資料の閲覧 ・入力作業 ・資料の作成 ・メールや，電話への応対	・入力作業 ・資料の作成 ・メールや，電話への応対 ・担当業務の管理	徐々に負荷を上げて，休業前の業務を行えるようにしていく （※ただし新人の教育担当を除く）	
パフォーマンスの目安	30～50%	50～70%	70～100%	

成しておくことが望ましいと考えられている．表15-6に，Aさんの職場復帰プランを示す．

[5]〈第5ステップ〉：職場復帰後のフォローアップ

> ワーク：Aさんのように，「うつ病」による休職の際の復帰先については，どのように決定されていくべきでしょうか？　下記の選択肢から，適切と思われるものを選んでみましょう．

ア：原則として，休職前とは違う部署に戻す
イ：原則として，休職前と同じ部署に戻す
ウ：原則として，復帰時に人員が足りない部署に戻す

正解：イ
解説
ア：「適応障害」のように，職場環境への適応に問題があり，環境調整が求められる場合には，休職前とは違う部署に戻すこともあります。ただし，その場合にも雇用契約において「職種限定採用」ではないことが前提となります。
イ：原則として休職前と同じ部署で，職場復帰を目指していくことになります。ブランクはありますが，これまで経験したことのある部署で業務量を調整したり，業務内容を再確認したりしながら進めていく方が，スムーズと考えられます。
ウ：人員が足りない部署に戻すというように，本人の状況を考慮せず，社内の都合だけに合わせて復帰先を決めてしまうと，復帰時の負担が増し，再発のリスクが高まります。結果的に，休復職の当事者にとっても，周囲の従業員にとっても良くない結果を招くことになります。

Aさん：復帰して間もない頃は，生活状況の変化や，職場の人たちへの緊張や遠慮などから気疲れが強く出やすい。上司が毎日さりげなく声掛けをしてくれ，周りも親切にしてくれたため，通勤練習，半日勤務と職場復帰プランに沿って順調にこなしていくことができた。とはいえ，体力的には職場に行くだけで疲れ，20時頃には就寝してしまうような日が多くあった。

この時期の気疲れは，自然な反応と捉えて，生活リズムを大きく崩さないように睡眠時間や食事のタイミングなどをキープすることが大切となる。また，リワークに行っていたころのような自分自身の状態をゆっくりとふりかえるという機会が減ってしまうため，意識して，自分自身の気分や体調の記録を継続しながらモニタリングをしていく必要がある。仕事や，体調のことなど，不安がある場合には早めに上司や周りの人に相談し，再燃，再発予防に努めることが重要である。また，仕事のパフォーマンスは，半年をかけて徐々に戻していくことが目安となるが，パフォーマンスの回復の程度も個人差が大きいため，焦らずに，できていることの目を向けながら進めていくとよい。

管理監督者：できる限り，1日1回は一緒にふりかえりができる時間をとって，相談しやすい環境を作っておくことが望ましい。また，この時期は，パフォーマンスの回復に焦りが出ることも多いので，ときにはストップをかけた

表15-7　チェックリスト（フォローアップ時の確認事項）（厚生労働省，2012をもとに作成）

□気分・体調のようす（症状の再燃，再発の有無）
□勤務状況（出社時刻，退社時刻）
□パフォーマンスの評価（どんな仕事が，どの程度までできているか）
□職場復帰プランの実施状況（計画通りに進んでいるか）
□治療状況（きちんと通院しているか，主治医の指示通り服薬できているか）
□職場内のサポート状況（上司と話せているか，相談できる人はいるか）
□職場の環境にはなじめているか

→本人，管理監督者，家族などから聞き取りをしたうえで，さまざまな視点から評価を行い，問題が生じている場合には，各関係者間で連携しながら職場復帰プランの内容の変更を検討する

り，できていることに目を向けてフィードバックをしたりしながら，本人の回復の状況に合わせて担当業務を調整していく必要がある．体調などに不安がある場合には，産業保健スタッフに報告するなど，少なくとも復帰後半年間は，各関係者と連携しながらラインケアの対象者として，職場復帰プランに基づきサポートしていく必要がある．

　産業保健スタッフ，人事労務管理の担当者：定期的に産業医や，産業保健スタッフによる面談を行い，症状の再燃の有無やパフォーマンスの回復程度の確認，職場復帰プランの実施状況を確認することが望ましい．一般に，表15-7のような事項を定期的に確認しておくことが必要と考えられている．

3．まとめ

　まとめとして，職場復帰に向けた支援を円滑に進めていくために重要と考えられるポイントを示す．まず，第1に大切と考えられるのは，会社における職場復帰支援の制度を整備しておくことである．休職者が出た際の連絡窓口は誰になるかといったことだけでなく，会社内で職場復帰のフローや職場復帰時に求める条件などを規程として定めておくことで，休職者に見通しを示すことができたり，休復職の繰り返しを防いだりすることができる．

　次に，各関係者の役割を明確化し，連携を密にして支援を行っていくことが求められる．職場復帰支援のためのフローや規程を作成したとしても，それを

休職者や事業場内スタッフが知らなかったり，実行できなかったりするとフローや規程を役立てることができない。誰が，どのような役割を担うのかを明確にして，休職者への支援ができるよう，各関係者間で連携を密にしておく必要がある。

最後に，職場を離れている間も，相談できる窓口を確保しておくことが重要である。これは，事業場内の産業保健スタッフが担う場合もあれば，外部のEAP（Employee Assistance Program；従業員支援プログラム）機関やリワーク施設を利用するのも有効である場合が多い。というのも，職場復帰支援では，症状を回復させ，気分や体調を安定させることはもちろんとても大切なことであるが，それだけではなく，業務遂行能力がどの程度回復しているかを評価したり，職場内でどのような配慮が必要かを状態に合わせて判断したりしながら，労働者が安全に，そして健やかに就労継続できるようになることが最終的な目標となるためである。

引用文献

林　俊秀・五十嵐良（2012）．リワークプログラムの標準化（特集　気分障害のリワークプログラム）　臨床精神医学, 4(11), 1509-1519.

五十嵐良雄（2012）．リワークプログラム利用者と非利用者の就労予後に関する比較効果研究　厚生労働科学研究費補助金（障害者対策総合研究事業）うつ病患者に対する復職支援体制の確立—うつ病患者に対する社会復帰プログラムに関する研究．分担報告書
　　<http://www.utsu-rework.org/info/004.pdf>

五十嵐良雄・林　俊秀（2010）．うつ病リワーク研究会の会員施設でのリワークプログラムの実施状況と医療機関におけるリワークプログラムの要素（特集　復職支援の現状）　職リハネットワーク, 67, 5-17.

厚生労働省（2013）．平成25年　労働安全衛生調査
　　<http://www.mhlw.go.jp/toukei/list/dl/h25-46-50_01.pdf>（2016年2月9日検索）

厚生労働省・中央労働災害防止協会（2009）．心の健康により休職した労働者の職場復帰支援の手引き．<http://www.mhlw.go.jp/new-info/kobetu/roudou/gyousei/anzen/dl/101004-1.pdf>（2016年2月9日検索）

厚生労働省・中央労働災害防止協会（2012）．心の健康により休職した労働者の職場復帰支援の手引き（2004年公表，2009年，2012年改訂）

黒川淳一・井上眞人・井奈波良一・岩田弘敏（2009）．メンタルヘルス不調者に対し職場

復帰支援に向けて求められること　*Japanese Journal of Occupational Medicine and Traumatology, 57*(3), 92-108.

難波克行・向井　蘭（2013）．現代対応型メンタルヘルス不調者復職支援マニュアル　レクシスネクシス・ジャパン

島　悟（2004）．精神障害による休業者に関する調査．厚生労働省科学研究費補助金（労働安全衛生総合研究事業）「うつ病を中心としたこころの健康障害をもつ労働者の職場復帰および職場適応支援方策に関する研究」平成14-16年度　総合研究報告書　pp. 32-34.

　　＜http://ikiru.ncnp.go.jp/ikiru-hp/report/shima16/shima16-9.pdf＞（2016年2月9日検索）

うつ病リワーク研究会（2009）．うつ病リワークプログラムのはじめかた　弘文堂

事項索引

A-Z

affective disorder　87
bipolar Ⅰ disorder　87
bipolar Ⅱ disorder　87
bipolar and related disorders　87
bipolar disorder　87
CBT（cognitive behavior therapy）　139
depressive disorders　87
EAP（employee assistance program）　9, 46, 190
flow　113
integrative life planning　66
life engagement　55
major depressive disorder　84
manisch-depressive Irresein　87
mental disorder　63
mood disorder　87
NIOSH　76
OJT　130
PDCAサイクル　38
PTSD　79
quality of life　113
resilience　113
self actualization　55
SMART目標　148
SRS-18　66
SST（social skill training）　108
THP　6
unhealthy state　55
well-being　55, 113
WLB（work life balance）　117
work engagement　113

ア行

アクセプタンス　161
アサーショントレーニング　109
安全衛生委員会　34
安全配慮義務　5
安寧　55
育児休業制度　118
意思決定　148
いのちの電話　45
「今この瞬間」との柔軟な接触　161
医療機関　45
因果関係モデル　74
ウェルビーイング　113
うつ病　94, 175
うつ病性障害　87
衛生委員会　34
衛生管理者　8, 36, 43

カ行

外傷的出来事　79
回避型　104　→コーピング
外部委託　49
回復期　178-179
カウンセリング　47
　　──・マインド　13
学習の原理　139
価値　162
過労死　91
観察　13
感情障害　87
カウンセリング制度の整備　10
完全失業率　60
気配り　13
希死念慮　95
気づき　13
気分障害　87, 173
キャリア　126-127
　　──形成　126-127
　　──発達段階　127
急性期　178
業務遂行能力　185
クオリティー・オブ・ライフ　113
傾聴　13
健康状態の把握　13
健康保険組合連合会　44
見当識　94
行動科学　168
行動分析学　168
行動療法　139
声かけ　13
コーピング　73, 101,
　　──資源　101
　　──尺度　103
　　──の柔軟性　106
心の健康づくり計画　7, 33
心の健康づくり専門スタッフ　36
心の健康問題により休業した労働者の職場復帰支援の手引き　40
こころの耳　3
個人情報保護　41
個人的達成感の低下　97
個人の資源　115
個人−環境適合モデル

77
コンサルテーション 47, 50, 64
コントローラビリティ 103

サ行

再発・再休職予防 174
再発予防期 178
サポートシステム 21
産業医 36
産業カウンセラー 44
産業構造の動向 60
産業保健スタッフ 173
産業保健総合支援センター 43
事業場外資源によるケア 9, 43
事業場内産業保健スタッフ等によるケア 8, 34
事業場内メンタルヘルス推進担当者 36
事業場における労働者の心の健康づくりのための指針 3
自己効力感 115
自己実現 55
仕事の資源 115
自殺 91
——念慮 95
自尊心 102, 108, 114, 115, 159
従業員支援プログラム 9, 46, 190
就業観の多様化 117
就業率 57
従来型うつ 84
小規模事業場におけるメンタルヘルスケア 42
情緒的サポート 110

情緒的消耗感 97
情動焦点型 103 →コーピング
情報処理理論 140
情報的サポート 110
職業性ストレス簡易調査票 26, 66
職業性ストレスモデル 76
職場体制の整備 16
職場での交流 21
職場のパワーハラスメント対策 133
職場復帰 40
——検討会 186
——支援 173
——プラン 185, 189
——プログラムの策定 40
職場不適応 65
職務ストレッサー 74
職務特性モデル 125-126
女性活躍推進法 62
女性の雇用・職業問題 61
自律神経系 72
自律神経失調症 78
新型うつ 84
人事労務管理スタッフ 36
心身症 78
心的外傷 79
心的外傷後ストレス障害 79
心配 151
心理・社会的危機 127
心理的柔軟性モデル 161
ストレイン 77
ストレス 71

ストレスチェック 5, 35, 48, 66
——制度 23, 35
——制度担当者 24
——の活用 30
——の実施 10
ストレスの相互作用モデル 101
ストレス反応 77
——尺度 66
ストレッサー 71, 93, 101
正規雇用者 58
精神疾患 63
精神障害 91
精神保健福祉士 44
精神保健福祉センター 45
セルフ・コンパッション 159
セルフケア 7, 151
——研修 48
躁うつ病 87
双極性Ⅰ型障害 88
双極性Ⅱ型障害 88
双極性及び関連障害 87
双極性障害 87
ソーシャルサポート 103, 109
——型 104
ソーシャルスキル 103
組織行動マネジメント 168

タ行

大うつ病性障害 84
体験の回避 161
タイプA 75
脱人格化 97
脱フュージョン 161
試し出勤制度 186

事項索引　195

短時間勤務　186
短時間労働　118
男女雇用機会均等法　62
地域産業保健センター　43
中央労働災害防止協会　44
中核的職務次元　125-126
中期キャリア危機　128
中立性　64
通勤練習　188
適応障害　79
道具的サポート　110
統合的生涯設計　66
トータル・ヘルスプロモーション・プラン　6
独自性　64
独立性　64

ナ行
内容としての自己　162
認知行動療法　139
認知的評価　102
認知的評価モデル　73
認知的フュージョン　161
認知の歪み　95
認知療法　140
粘着気質　94

ハ行
働きがい　123-124
働きやすさ　123-124
パワーハラスメント　133
反すう　95
汎適応症候群　71
半日出勤　188
非正規雇用者　58
評価的サポート　110
不安　151
復職　46

復職支援プログラム　151, 174
復帰プログラム　46
復帰準備性　181
ブレーンストーミング　147
フロー　113
プロテジェ　129
文脈的CBT（contextual cognitive behavioral therapy）　156
文脈的認知行動療法　156
文脈としての自己　162
弁証法的行動療法　155
保健師　36
ポジティブ心理学　113

マ行
マイクロカウンセリング技法　17-19
マインドフルネス　158
　　——認知療法　155
メランコリー親和型　84, 94
免疫系　72
メンター　129
メンタリング　129-130
メンタリング・プログラム　132
メンタルヘルス　55, 151
　　——研修　10
　　——対策　113
　　——対策の共通認識　15
　　——不調　55
　　——指針　3, 7
目標設定　144
モノ化エクササイズ　164
問題　142
問題解決スキル　152

問題解決療法　141
問題焦点型　103　→コーピング
問題の明確化　144

ヤ行
役割曖昧性　94
役割葛藤　94
抑うつ　151
　　——気分　94
　　——障害　87
　　——スキーマ　95
　　——的反すうや心配　161
4つのケア　7, 33-34

ラ行
ライフ・エンゲイジメント　55
ライフスタイル　117
ラインケア　14, 20, 151
　　——研修　48
ラインによるケア　8, 14
ラインリスナー　20
楽観性　115
リアリティ・ショック　128
リエゾン　67, 68
リファー（他機関への）　48, 51
リワーク　46, 181
　　——・プログラム　181
臨床心理士　44, 64
レジリエンス　113
労災　91
労働CSR　124-125
労働安全衛生法　4, 55
労働災害　55, 91
労働者の心の健康の保持増

進のための指針　33, 43
労働力人口　57
労働力調査　57

ワ行
ワーク・エンゲイジメント　113
ワーク・ライフ・バランス　117, 143

人名索引

A-Z
Abramson, L. Y.　95
Baer, R. A.　159
Bakker, A. B.　113
Bellack, A. S.　108
Bennett, T. L.　110
Bloks, H.　106
Bolger, N.　108
Bond, F. W.　161, 162
Cheng, C.　107
Collins, J. J.　98
Compas, B. E.　109
Demaray M. K.　110
Dunkel-Schetter, C.　110
Fletcher, B.　106
Fletcher, L.　162
Forsythe, C. J.　109
French, J. R. P.　77
Ghaderi, A.　106
Goldfried, M. R.　144, 145
Hayes, S. C.　155, 156, 162
Herman, J. L.　105
Holahan, C. J.　106, 110
Hurrell, J. J.　76
Isabella, L. A.　129
Kabat-Zinn, J.　159
Kanner A. D.　78
Kram, K. E.　129
Leiter, M. P.　97
Litman, J. A.　105
Loehr, J.　119

Malecki, C. K.　110
Manne, S. L.　110
Masi, D. A.　46
McLaney, M. A.　76
Morrison, R. L.　108
Mynors-Wallis, L.　142
Roman, G.　147
Sanchez, V. C.　109
Schwarz, T.　119
Scott, B.　106
Segal, Z. V.　155
Suls, J.　106
Tetrick, L. E.　105

ア行
アイヴィ（Ivey, A. E.）17, 18
明智龍男　152
浅井友紀子　118
五十嵐良雄　182
泉 基樹　96
遠藤保仁　119, 120
大塚泰正　104
岡田佳詠　98
小此木啓吾　67
小野公一　123, 127
オルダム（Oldham, G. R.）125, 126

カ行
カーヴァー（Carver, C. S.）103
金井篤子　94

金子さゆり　98
川越隼人　18
クーパー（Cooper, C. L.）74-75
熊野宏明　158
久村恵子　129-132
クレペリン（Kraepelin, E.）87
黒川淳一　173

サ行
佐藤博樹　117
茂本由紀　163
島津明人　55, 114-116
島宗 理　168
シャイン（Schein, E. H.）127-128
シャウフェリ（Schaufeli, W. B.）　55
シャウフェリ（Schaufeli, W. B.）　113
菅村玄二　158
鈴木伸一　66
ズリーラ（D'Zurilla, T. J.）141-142, 144-145
諏訪茂樹　19
関口和代　131
セリエ（Selye, H.）　71, 72

タ行
瀧澤 透　94
丹野義彦　142

テレンバッハ（Tellenbach, H.） 84

ナ行
夏目 誠 92, 93
難波克行 178
沼 初枝 79
ネズ（Nezu, A. M.） 141-142, 147
ネフ（Neff, K. D.） 159

ハ行
ハックマン（Hackman, J. R.） 125-126
林 俊秀 182
ハンセン（Hansen, S. L.） 66
ビショップ（Bishop, S. R.） 159
ヒポクラテス 87
フォークマン（Folkman, S.） 73-74, 101, 103
福原眞知子 17-18
藤井 博 129
藤田一照 158, 169
フリードマン（Friedman, M.） 75
ベック（Beck, A. T.） 95
ホール（Hall, D. T.） 127

マ行
マーシャル（Marshall, J.） 74-75
向井 蘭 178
武藤 崇 163, 169
村田 弘 92-93
本岡寛子 151-152
森 晃爾 46
森下高治 56

ヤ行
谷田部光一 123

ラ行
ラザルス（Lazarus, R. S.） 73-74, 101, 103
リネハン（Linehan, M. M.） 155, 158
ローゼンマン（Rosenman, R.） 75

ワ行
若林 満 94
渡部富栄 19

著者紹介

第1部
第1章　枚田　香　　株式会社リマインド代表取締役／大学院連合メンタルヘルスセンター理事
第2章　近藤純子　　金蘭千里大学看護学部助教
第3章　古淵和佳　　大学院連合メンタルヘルスセンター講師・特別研究員　臨床心理士
第4章　海蔵寺陽子　森の宮医療大学兼任講師　臨床心理士／パナソニックES社カウンセラー
第5章　松尾哲朗　　大学院連合メンタルヘルスセンター事務局長／パナソニックES社カウンセラー　臨床心理士

第2部
第6章　森下高治　　帝塚山大学客員教授／名誉教授
第7章　佐藤恵美　　東京富士大学経営学部准教授
第8章　永田俊代　　関西福祉科学大学心理科学部教授
第9章　安達悠子　　東海学院大学人間関係学部専任講師
第10章　野田智美　　京都大学大学院医学研究科脳病態生理学講座 精神医学教室客員研究員／五十嵐こころのクリニックデイケアリサーフ 臨床心理士／大学院連合メンタルヘルスセンター講師・特別研究員
第11章　小畑周介　　医療法人養心会国分病院　臨床心理士
第12章　石橋里美　　東京未来大学兼任講師

第3部
第13章　本岡寛子　　近畿大学総合社会学部准教授
第14章　三田村仰　　立命館大学総合心理学部准教授
第15章　中川裕美　　神戸学院大学人文学部専任講師

編者
森下高治（もりした　たかはる）　帝塚山大学客員教授／名誉教授
本岡寛子（もとおか　ひろこ）　近畿大学総合社会学部准教授
枚田　香（ひらた　かおり）　株式会社リマインド代表取締役／大学院
　　　　　　　　　　　　　　　連合メンタルヘルスセンター理事

働く人たちのメンタルヘルス対策と実務
実践と応用

2016年9月30日　初版第1刷発行　定価はカヴァーに
　　　　　　　　　　　　　　　表示してあります

　　　　　　　　編　者　森下高治
　　　　　　　　　　　　本岡寛子
　　　　　　　　　　　　枚田　香
　　　　　　　　発行者　中西健夫
　　　　　　　　発行所　株式会社ナカニシヤ出版
　　　〒606-8161　京都市左京区一乗寺木ノ本町15番地
　　　　　　　　　Telephone 075-723-0111
　　　　　　　　　Facsimile 075-723-0095
　　　　　　Website http://www.nakanishiya.co.jp/
　　　　　　Email iihon-ippai@nakanishiya.co.jp
　　　　　　　郵便振替　01030-0-13128

装幀＝白沢　正／印刷・製本＝亜細亜印刷株式会社

Copyright © 2016 by T. Morishita, H. Motooka, and K. Hirata.
Printed in Japan.
ISBN978-4-7795-1083-0 C0011

本書のコピー，スキャン，デジタル化等の無断複製は著作権法上での例外を除き禁じられています。本書を代行業者等の第三者に依頼してスキャンやデジタル化することはたとえ個人や家庭内の利用であっても著作権法上認められておりません。